LETTRES RUSSES
série dirigée par Michel Parfenov

UN TRAIN NOMMÉ RUSSIE

Titre original :
Rossia obchij vagon
Editeur original :
Limbus Press, 2008

ISBN 978-2-7427-8540-7

NATALIA KLIOUTCHAREVA

Un train nommé Russie

roman traduit du russe
par Joëlle Roche-Parfenov

ACTES SUD

1

Nikita présentait une étrange particularité physiologique. Il s'évanouissait fréquemment. Non pas, évidemment, comme toutes ces jeunes demoiselles d'autrefois chez Tourgueniev, à la vue du sang ou à cause d'une parole blessante.

Parfois, c'était en plein milieu d'une conversation, ou alors à cause d'une forte brise printanière, ou des couloirs du métro qui lui évoquaient un vaisseau spatial. Tellement il était exalté par la vie. Et tellement il se sentait concerné par ce qui se passait autour de lui. Alors, parfois, son organisme ne venait pas à bout de cette tension. Et il se déconnectait de lui-même. C'était la seule façon possible d'obliger Nikita à faire une pause pour reprendre haleine, lui qui était toujours à bout de souffle.

Et puis il arrivait souvent aussi à Nikita qu'une partie invraisemblable de son corps se mette à lui faire mal. Oui, une partie du corps dont personne ne souffre. La plante du pied, par exemple. Ou le poignet. Ou même, disons, un index. La douleur, elle aussi, coupait le courant, mais moins violemment, elle laissait une petite image derrière le verre brouillé. Et alors venait un silence, où il pouvait entendre la stridulation monotone des grillons, et les paroles des cigales, lourdes de sens. Nikita écoutait les cigales et, souriant, il regardait le monde. Comme de loin. Comme depuis une autre forme d'existence. Cependant, le train avançait doucement vers Tochtchikha.

Nikita revint à lui. Son pays le considérait avec les yeux vagues d'un long wagon sans compartiments. Sa nuque recueillait les poux de la veste de l'un de ses voisins, ses jambes s'étiraient dans l'étroit passage entre les ballots, les valises et les sacs à roulettes. Son pays, ballotté, agrippé aux poignées, tantôt manquait l'arroser d'eau bouillante, tantôt voulait le nourrir de vobla* et de petits pâtés maison, le tartinait de bonbon fondu, lui proposait de la vodka, ou encore le tournait en ridicule avec les cartes poisseuses d'un jeu où les dames étaient remplacées par des filles nues.

Son pays essayait d'entrer en contact avec Nikita. D'établir des relations avec lui. Son pays l'empêchait de dormir, l'empêchait de penser, ne le laissait pas en paix : il bâillait, ronflait, puait, mangeait un morceau, buvait un coup, se hissait sur la couchette supérieure en écrasant la main de quelqu'un, grignotait des graines de tournesol, faisait des mots croisés, décortiquait des œufs durs, s'engueulait avec le contrôleur qui l'avait installé juste à côté des toilettes, tanguait dans le fracas du tambour, disait :

“Qu'est-ce que c'est comme arrêt ? – Regardez, le petit gars est de nouveau dans les vapes. Et pourtant je dirais qu'il n'a pas bu. Un drogué pour sûr. – Oui, à c'jour tous les jeunes, soit y s'piquent, soit y sniffent ! – Tu ferais mieux de ne pas parler, la mère, de ce que tu ne sais pas, cet homme

* Poisson commun de la mer Caspienne, en général fumé, très salé, qui, en plus d'être bon marché, est très apprécié comme parfait accompagnement de la vodka. *(Toutes les notes sont de la traductrice.)*

se sent mal, et toi… – Il faudrait peut-être demander un docteur ? – Et pourquoi je devrais me taire, hein ! J'ai passé toute ma vie à l'usine, à travailler ! Tu n'as pas à me clouer le bec – je suis une invalide ! – Oh la femme, calmez-vous, il y a des enfants qui dorment ! – Les enfants ! Ils vont grandir, et ils se mettront à renifler de la colle, eux aussi, et à clouer le bec aux vieux ! – Arrête de dégoiser, grand-mère ! Allez, on va plutôt chanter quelque chose, hein : Dans la plaine ru-ugi-issaient les tanks ! Les solda-ats ma-archaient à l'ulti-ime-e com-om-bat !

Nikita revint de nouveau à lui, et sortit du wagon pour fumer. Son pays, balancé sur les ressorts du train, épousait avec lassitude les courbes de la voie et approchait de la gare de Fond. Puis freina violemment et s'immobilisa à côté d'un réverbère.

— Eh, camarade, on est où, là ?

— Au fond ! cria joyeusement Nikita, et il entreprit de gagner la sortie.

A la gare de Fond, c'était le désert, et il faisait humide. Seuls les haut-parleurs communiquaient entre eux dans leur langage d'extraterrestres, et d'invisibles cheminots cognaient sur les articulations métalliques des trains.

— Où t'es parti comme ça, le moribond ? s'exclama la contrôleuse d'une cordiale voix de basse qui évoquait celle d'un augure. Si ça se trouve, tu vas de nouveau t'écrouler. C'est moi qui devrai aller nettoyer la voie après toi, peut-être ?

Nikita sourit à l'augure et haussa les épaules. Ça sentait le charbon, le bois pourri et le chemin de fer. Une pluie fine vous chatouillait le visage. Et tout paraissait connaître un secret. Qu'il était impossible de divulguer. Car à quoi bon ?

2

Dans le wagon, un petit garçon s'approcha de Nikita. Se retenant à son genou, il lui demanda gravement :

— Tu as un rêve, toi ? Puis, sans attendre la réponse : Eh bien, moi oui : je veux tomber dans les buissons et vivre là-bas !

— Et c'est tout ? demanda Nikita. Il ne faut rien de plus à ton bonheur ?

Le petit réfléchit, le poing fourré dans sa bouche.

— Ben, je veux un train aussi. Je roulerais, je roulerais. Et puis… je tomberais dans les buissons ! Et je vivrais là-bas !

— Qu'est-ce donc qui t'en empêche ?

Nikita se pencha, tentant de retenir l'attention fuyante de l'enfant.

— Les chaussettes ! répondit celui-ci avec hargne, sur quoi, comme il s'ennuyait, il courut ailleurs.

— De bonnes petites chaussettes, bien chaudes, pure laine, je les fais à cinquante roubles seulement, au marché c'est le double ! se mit à clamer une femme lestée d'un grand sac à rayures, en se frayant un chemin le long de l'étroit défilé du wagon. Laine naturelle, prenez, les filles, vous ne le regretterez pas !

Arrivée au bout de la voiture, la vendeuse de chaussettes entama une lutte verbale inégale, malgré sa voix forte, avec la contrôleuse dont la basse sonore couvrait toutes ses objections :

— Combien de fois il faut te le dire ! C'est pas la Croix-Rouge ici ! Si tu veux faire le voyage, tu paies ! On n'est pas une société de bienfaisance, on est celle des Chemins de fer ! De Russie ! Je m'en fiche de tes enfants ! C'est toi qui en as fait de trop ! Avec moi, tu vas descendre que ça va pas traîner ! La prochaine fois, j'appelle la police !

Nikita saisit son sac à dos et entreprit à son tour de se faufiler vers la sortie.

Sur le quai désert, le petit garçon qui rêvait de buissons dormait, couché sur le sac de chaussettes, l'air d'en avoir l'habitude. Aucun buisson visible dans les parages. Rien que des sortes de bâtiments aveugles et le chemin communal qui se perdait dans le noir. Et puis un autre gamin, plus âgé : les mains enfoncées dans ses poches, il considérait d'un œil sceptique le réverbère grinçant. La femme regardait s'éloigner le train et, bizarrement, elle souriait. Cela plut à Nikita.

Le bâtiment de la gare de Kirgatch se révéla hermétiquement clos, comme condamné. Nikita posa le sac à rayures sur le banc mouillé.

— Bon, eh bien quoi, on va passer la nuit ici. Ça ne sera pas la première fois pour nous. On va se serrer dans les bras les uns des autres et pas question de mourir de froid, disait la vendeuse de chaussettes, Antonina Fiodorovna, tout en étalant des sacs en plastique sur le banc. Allez, toi tu te déchausses, je vais t'en donner aussi des bonnes chaussettes, sinon tu vas te geler les pieds.

— M'man, je veux du thé ! M'man, je suis tout frigorifié là ! M'man, j'ai mal au ventre ! pleurnichait l'aîné des garçons, Sieva.

— C'est quoi de geindre comme ça ! Souris ! Qu'est-ce que je t'ai appris ? Redresse le dos et souris ! Demain, nous aurons la chance avec nous !

— Demain, toujours demain. Il y aura rien du tout demain !

— Tu devrais avoir honte ! Même de penser des choses comme ça, tu devrais avoir honte ! Alors les dire ! Regarde, Lionka est le plus petit, mais il se tient, comme un vrai homme !

Lionka dormait paisiblement, les mains réunies sous la joue. Il semblait en effet ne pas douter un instant que le lendemain dût être meilleur que la veille.

— Moi avant j'étais comme Sieva, dit Antonina Fiodorovna. Pour un rien, aussitôt en larmes, aussitôt à penser n'importe quoi : que rien ne marcherait, que toute la vie ça allait continuer ainsi… autant se pendre ! Et puis j'ai lu dans un petit livre, un américain, que pour réussir il n'y a qu'à se tenir bien droit, et sourire. Et maintenant, quoi qu'il arrive, je me rappelle : l'essentiel est de faire bonne figure et de ne pas courber l'échine. Ainsi, la chance vous sourira forcément !

— Et alors ? demanda Nikita intéressé mais sceptique. Ça marche ?

— Bon, pour l'instant, pas vraiment, avoua volontiers Antonina Fiodorovna. Mais je ne désespère pas. Parce que je sais, voyez-vous, qu'un jour ou l'autre, tout changera obligatoirement !

Antonina Fiodorovna avait grandi dans la petite cité minière de Khalmer-Iou. C'était au-delà de Vorkouta, plus au nord, vers l'océan Arctique, sur une ligne de chemin de fer à une seule voie qui, une fois par semaine, reliait la mine au reste du monde.

A dix-sept ans, elle avait épousé un camionneur. Les jours fériés, il la promenait à travers la toundra dans une camionnette toute défoncée, avec laquelle il emportait les ordures à la décharge les jours ouvrés. Puis Sieva était né. Et puis la mine avait été fermée. La population, dénuée de l'espoir que quiconque se soucie d'elle, avait commencé à quitter le coron condamné.

Le mari de Tonia n'était pas pressé de partir. "Les gens ont totalement perdu la foi ! disait-il à sa femme. Voyons, est-ce que c'est possible ! Notre Etat est l'Etat des ouvriers et des paysans. Et nous, on est qui ? Des ouvriers. Juge un peu toi-même : peut-il nous abandonner aux caprices du destin ? nous laisser seuls en pleine toundra ? Bien sûr que non ! Tu vas voir, on nous donnera un appartement quelque part dans le Sud, et ceux-ci qui s'enfuient maintenant, comme des rats, ils s'en mordront les doigts plus tard !"

Antonina, à dix-neuf ans, faisait confiance à son mari et à l'Etat. Alors, après Sieva, elle leur avait encore naïvement donné Lionia.

"Quelle imbécile tu fais !" lui avaient dit en chœur tous ses anciens concitoyens quand elle repartait pour Khalmer-Iou à sa sortie de la maternité à Vorkouta. Mais Tonia pour toute réponse se contentait d'un sourire énigmatique. Elle savait bien, elle, que l'avenir lui réservait un grand appartement avec des fenêtres donnant sur la mer du Sud.

Dans le train, elle était seule à faire le voyage. Le conducteur taciturne, un ancien zek*, avait étrangement tardé à mettre en route pour repartir à Vorkouta. Puis il avait donné deux brefs coups de sifflet. Tonia s'était retournée.

"Eh, la mère, écoute. Tu ferais mieux... Bref, en un mot, va-t'en d'ici. Pourquoi tu traînes ? Encore

* Détenu du goulag.

deux voyages. Et après «démerdez-vous». Ils ferment la ligne. – Comment ça, ils ferment ? s'était étonnée Tonia. Et nous alors ? Et qui apportera le pain ? Comment ça, ils ferment ? Ils ne peuvent pas ! Vous avez dû mal comprendre !"

Le conducteur aussi l'avait traitée d'imbécile avant de repartir.

Et là Antonina avait commencé à douter pour la première fois. Une semaine plus tard, sans savoir elle-même dans quel but, elle était allée à la gare avec le petit Liena dans son landau. Et elle avait regardé la bruyante famille Kapielkine charger ses effets. Le conducteur, tout en aidant à enfourner caisses et ballots dans le train, avait regardé de son côté, et il avait craché avec colère sur la terre éternellement gelée. Après le départ des Kapielkine, ils s'étaient retrouvés seuls à Khalmer-Iou.

— Je disais comme ça à mon mari : "Allons, partons !" Mais lui, il m'agonisait d'injures grossières. Il a même commencé à lever la main sur moi. Alors qu'avant, jamais, bien qu'il fût camionneur. Et puis aussi il passait la journée entière allongé, tourné vers le mur, muet. Et, s'il s'endormait, il se mettait à grincer des dents, et ça, dans le silence qu'il y avait là-bas... Tout faisait tellement peur...

Nous ne mangions que du sarrasin. On n'avait plus rien d'autre. J'allumais un feu dans la cour pour le faire cuire. Parce qu'ils avaient coupé et le gaz, et l'électricité. Je le lui prépare, je pose la casserole près du lit, et elle était toute noircie de suie, forcément. Avec la table, je faisais du bois.

Et voilà, une fois que je la lui ai mise, moi j'attrape les enfants dans mes bras et je m'en vais pleurer à l'ancien cinéma, là où on s'était connus avec mon mari. J'y allais chaque jour. Je chiale, je me vide. Sieva se met à pleurnicher à son tour. Lienka se réveille dans le landau, et lui aussi, aussitôt, ce sont des hurlements. Et voilà, nous sanglotions comme ça tous les trois.

Et puis est arrivé le dernier train. J'étais venue à la gare avec les enfants. Juste pour voir un être vivant. Je n'avais aucune idée en tête, rien. Je m'accroche au landau, et je reste là, à regarder. Et il me regarde lui aussi. De la cabine. La figure toute noire, forcément…

Or, dans la cité, les chiens sauvages s'étaient multipliés, une quantité effrayante. Ils erraient en bande dans les rues. Leurs maîtres les avaient abandonnés en partant. Je marche, et ils me suivent, ils me courent derrière, presque tout contre. Et j'ai l'impression qu'ils n'arrêtent pas de lorgner le landau. Si tu leur jettes quelque chose dessus, ils grognent, se laissent distancer un peu, mais pas beaucoup.

Et là je suis debout à côté du train, quand brusquement ces sales bêtes se mettent à hurler. Je me retourne, et je vois qu'ils accourent, droit sur moi, toute la horde. Je me suis précipitée vers le wagon. Le conducteur avait sauté de sa cabine, il m'aide à monter le landau et sans cesse il répète : "Eh bien, Dieu merci, Dieu merci…"

Et il a aussitôt mis en route, pour que je n'aie pas le temps de changer d'idée. Après, nous avons vécu quelque temps à Vorkouta chez lui.

Il m'a raconté pourquoi il avait fait de la prison. Ça aussi, c'est toute une histoire. Il était de la région de Vologda. Le chef du district avait laissé la cité chez eux sans chauffage. Oui, tout simplement. C'était tombé en panne et lui, l'argent pour la réparation, il se l'était mis dans la poche. Les grands froids sont arrivés, les gens allaient le trouver, et lui : "Mais oui, mais oui, nous contrôlons la situation, oui, oui, oui, nous ferons tout le nécessaire !"

Et puis voilà, la fille de ce conducteur, Nikolaï, a fait une inflammation des bronches, contractée au jardin d'enfants non chauffé. Et elle est morte. Il s'est rendu chez le chef du district. A peine il avait ouvert la porte de son bureau que l'autre se répandait en "oui, oui, oui…", et c'est tout, sans même lever les yeux sur lui. Nikolaï l'a tué d'un coup de fusil à bout portant. Et il est resté attendre la police…

— Et après ? demanda doucement Nikita à Antonina Fiodorovna qui se taisait depuis un long moment.

Et alors il remarqua qu'elle dormait. En continuant à sourire. Et le dos bien droit.

Un train de marchandises passait lentement, les flancs arrondis des citernes faisaient penser à de gros animaux, des rhinocéros ou des hippopotames, qui se seraient obstinément traînés on ne sait où, à la recherche du bonheur.

Le matin, Nikita acheta à Antonina Fiodorovna les chaussettes de laine avec lesquelles il avait passé la nuit.

— Alors tu vois, Sieva, je l'avais bien dit que demain nous aurions la chance de notre côté, et toi qui n'y croyais pas ! sermonnait-elle son aîné, en achetant du pain et du lait concentré dans un kiosque qui avait gardé des traces d'incendie. – Un mois auparavant, des gars légèrement éméchés avaient essayé d'enfumer le vendeur qui refusait de leur délivrer de l'alcool gratis.

Lenka saluait un buisson qu'il avait trouvé à proximité, en lui tendant la main. Sieva mâchait, la mine morose, les yeux dans le vague. Antonina Fiodorovna persuadait le valeureux vendeur de lui acheter "de remarquables chaussettes de laine".

— Et après moi aussi j'ai commencé à devenir folle. – Ce fut seulement en fin d'après-midi que Nikita entendit la suite de l'histoire, alors que l'infatigable Antonina, après avoir fait le tour de Kirgatch et vendu toutes ses chaussettes, attendait le train du soir. – J'avais l'impression que mon mari m'appelait pour que je revienne. Qu'il me reprochait de l'avoir abandonné. Une voix tellement nette dans ma tête. J'ai commencé à lui parler tout haut.

"Kolia, je lui disais (lui aussi s'appelait Nikolaï), tu sais bien que ce n'est pas pour moi, j'ai eu peur pour les enfants, Kolia !"

Je pensais aller le retrouver à pied, le tirer de là-bas. Ou au moins lui porter de quoi manger. L'autre Nikolaï, le conducteur, s'est mis à m'enfermer à clef.

"Idiote, criait-il, c'en est fini de cet homme mais toi tu n'as pas le droit, tu es mère !"

Moi, je lui rétorquais : "Je m'enfuirai de toute façon !"

Et, au bout de quelques jours, j'en étais venue à bout. Moi-même je ne m'y attendais pas. En cachette de ses supérieurs, il a sorti la loco une nuit, m'a prise dans la cabine et nous sommes partis pour Khalmer-Iou : chercher "mon" Nikolaï. J'ai eu peur, je lui ai dit : "Peut-être qu'il vaut mieux pas ? Je pourrais y arriver à pied, peut-être ? C'est un délit, quand même ?" Il a juste fait signe de la main que je laisse tomber.

— Vous l'avez trouvé ?

Assis sur le quai, adossé au bâtiment de la gare, Nikita luttait de toutes ses forces pour ne pas s'évanouir.

— Je ne sais pas. C'est sûr qu'il semblait n'y avoir personne là-bas. Les portes grandes ouvertes. Tout rangé dans l'appartement. Il avait même réussi à laver la casserole, celle qui était couverte de suie… Nous avons fait le tour de toute la cité, nous avons regardé dans chaque maison. Car évidemment ils n'avaient pas fermé à clef en partant. Nous avons été à la mine. Et nous n'avons trouvé personne. C'est-à-dire, moi personne, et Nikolaï rien. Parce que lui cherchait un cadavre, et moi mon mari vivant. Même les chiens d'avant avaient disparu. Il régnait un tel silence que ça faisait peur de parler, même en chuchotant.

Et voilà, nous sommes repartis bredouilles. Quand même, tandis que nous marchions là-bas, j'avais tout le temps le sentiment qu'il me regardait. Par-derrière. Mais, si je me retournais, personne. Ce regard, je le sens sur ma nuque jusqu'à aujourd'hui. Maintenant, il me regarde toujours…

— Mais comment votre conducteur a-t-il pu vous laisser partir avec les enfants vendre des chaussettes ?

— Eh bien, c'est moi qui ai pris la fuite. Je lui ai raconté que je partais au Kouban chez ma sœur, qu'on m'y avait trouvé du travail, et aussi un logement pour moi toute seule… Et je me suis échappée, sans savoir où j'irais. D'ailleurs je n'ai jamais eu de sœur de ma vie.

— Mais pourquoi, donc ?

— Mes parents n'ont pas eu le temps, ils sont morts trop tôt. Papa a péri à la mine, et maman s'en est allée un an après lui.

— Ah oui, mais je ne parlais pas de votre sœur, moi. Je pensais au conducteur.

— Aah, le conducteur… Eh bien, j'avais l'impression qu'il commençait à penser qu'il pourrait m'aimer. Alors que pour moi aimer… tout mon cœur était resté là-bas, dans le coron désert. Mais il me faisait peine, cet homme. Car c'était un homme bien, n'est-ce pas. Alors voilà, c'est pour ça que je me suis enfuie. Lui, brusquement, au moment où il m'accompagnait prendre mon train, il s'est mis à me parler de sa femme. J'ai appris qu'elle aussi s'appelait Antonina. Comme ça, à nous quatre, ça a donné une sorte de rébus : deux Nikolaï, et deux Antonina…

— Et alors, et sa femme ?

— Elle avait bravement tenu le coup durant le procès. Mais lorsqu'il a été condamné, le jour même, elle s'est suicidée. Elle s'est pendue. Il l'a appris seulement au bout d'un an. Parce qu'avant sa mort, elle lui avait écrit une douzaine de lettres. Pleines de tendresse, n'est-ce pas, disant que tout allait bien, que la vie allait son train, qu'elle l'attendait, que le chauffage avait été rétabli… Et après c'était la voisine qui les lui avait postées, chaque mois, tant qu'il y en eut. Et voilà notre train qui arrive…

3

Iounker* buvait de nouveau un coûteux vin italien. Du sec. Du rouge. Le junker écoutait de nouveau du Schubert. Il ne manquait que les bougies et la chemise en soie blanche à col officier. Iounker, comme il convient à un Russe de la noblesse, parlait de la destinée du pays de ses ancêtres. Nikita avait mal à un genou. Il était d'humeur chagrine.

— Et où voyages-tu tout le temps comme ça ? Que cherches-tu ? La Russie que nous avons perdue ? disait Iounker en servant le vin.

— La Russie…, répondait Nikita en écho.

— Pour après te retrouver parmi les émigrés à écouter ton épouse Katienka chanter au salon "De l'acacia blanc les grappes odorantes…", et écrire un roman intitulé *Les Jours merveilleux*.

— Je ne partirai pas, tu le sais parfaitement.

— Et tu as tort. Le pays a du pétrole pour huit ans encore. Et c'est tout. Personne n'exploite plus de nouveaux gisements, depuis l'époque soviétique déjà. Que faire ?

— Vivre.

— Survivre plutôt. Or moi, je ne veux pas survivre. Moi, par exemple, j'aime le bon vin, la bonne

* Nom donné par l'auteur à ce personnage en référence au mot "junker" qui désignait les élèves officiers dans l'armée tsariste, mais aussi les hobereaux en Prusse.

musique, là, tu vois, je suis en train de lire les Mémoires de Richter…

Iounker était un sybarite et un esthète. Et cette amitié ne se serait jamais nouée si Iounker ne s'était brusquement révélé un homme bien. Encore que "bien" ne soit pas tout à fait le mot juste. Nikita s'était longtemps creusé la cervelle avant de dénicher dans sa mémoire cet archaïsme, qui ne se rencontrait plus que dans les livres. Iounker était une âme "noble".

Il vivait dans un monde qui avait cessé d'exister depuis un siècle. Dans un monde où avaient cours l'"honneur," la "conscience" et la "dignité". Il était longtemps apparu à Nikita comme une sorte de créature irréprochable. Ni dans ses propos ni dans ses actes on ne trouvait cette tendance à mentir lâchement, coutumière à l'homme, qui fait promettre et ne pas tenir, provoquer des dégâts et ensuite se cacher la tête dans le sable, en laissant un petit mot derrière soi : "Ce n'est pas moi. C'était déjà comme ça."

Un jour qu'il avait abusé d'un bon vin, Iounker avait exposé à Nikita les projets de voyou qu'il avait, il envisageait de prendre diverses mesures contre des fonctionnaires de petit calibre mais néanmoins répugnants. Puis il avait parlé d'enlever des ministres, de fomenter un soulèvement militaire, puis soudain il s'était interrompu et était allé déboucher encore une autre bouteille.

Ce même jour, Nikita avait remarqué sur la table, outre les Mémoires de Richter, les souvenirs de l'esthète terroriste Boris Savinkov*. Et il avait eu un sourire entendu. Bien que Savinkov, avec son snobisme de surhomme et son aristocratique

* Responsable de la Brigade terroriste des socialistes révolutionnaires qui avait organisé l'attentat manqué contre

inaccessibilité, ne lui eût jamais été proche. Au contraire d'Ivan Kaliaev, créature de Dieu qui d'une main se signait et dans l'autre tenait une bombe. Et qui répondait aux questions jésuites de l'athée Savinkov lui demandant : "Mais que fais-tu du «Tu ne tueras point», Vania ? – Je ne peux pas me dérober, car j'aime, vois-tu."

Nikita avait toute sa vie conservé le souvenir de l'une de leurs conversations.

Iounker parlait du Champ de Koulikovo*. Et en racontant il avait de tels yeux, et de tels accents, qu'il semblait parler non d'un prince qui avait vécu sept cents ans auparavant, mais de lui-même. Et donnait l'impression que tout cela s'était passé la veille. Ou le jour même. Venait juste d'avoir lieu.

— C'était la dernière tentative, tu sais. La dernière ! Et, de plus, notoirement désespérée. Et toi, jouvenceau non aguerri, peu sûr de toi, tu lances un appel à toutes ces principautés divisées entre elles, qui semblent avoir déjà oublié le mot même de Russie. Et jusqu'à la dernière minute tu ne sais pas s'il viendra seulement quelqu'un. Et soudain ils arrivent tous. Et tu es simplement transpercé par la pensée de ce fardeau qui s'est abattu sur toi. Et tu comprends que c'est l'Histoire. Que ce sera maintenant ou jamais. Et tu donnes l'ordre de franchir la rivière. Dans quel but ? Car enfin il eût été beaucoup plus facile de rester sur l'autre rive et d'empêcher l'ennemi de traverser. Mais tu fais cela. Pourquoi ? Pour te couper toute

Lénine perpétré par Fanny Kaplan en 1919. Revenu en Russie en 1924, il fut exécuté l'année suivante.

* Première victoire, en 1380, remportée par Dimitri Donskoï sur la Horde tartaro-mongole, qui marque le début de la libération de la Russie du "joug tartare".

possibilité de retraite. Vaincre ou mourir. Pas d'autre alternative. Et après tu sacrifies ton meilleur régiment. Parce que c'est la seule chose à faire pour gagner. Tu envoies simplement ces hommes à l'abattoir. Tes amis. Et ils passent tous devant toi. Et tu leur dis : "Nous vaincrons !" alors que tu sais bien, tu sais, toi, qu'ils vont tous mourir. Tous. Et que ce n'est pas toi qui as fait ce choix. Tu l'as seulement réalisé…

Là, Iounker eut une quinte de toux et Nikita avait pensé que ce moment précis deviendrait pour lui la Russie. S'il lui arrivait un jour de se trouver au loin. Ou peut-être même après sa mort. Il n'évoquerait pas les sveltes bouleaux ou autres sorbiers, pas plus évidemment que les "uniformes bleu ciel*", mais Iounker parlant de Dimitri Donskoï comme s'il s'agissait de lui-même.

* Uniforme de la police à l'époque de Pouchkine et Lermontov.

4

— Mais tu en es amoureux ! plaisantait Alia quand Nikita lui parlait de Iounker. Et puis, comme la jeune femme en avait l'habitude, elle essayait de raisonner Nikita : N'en dis pas trop avec lui. Il n'est pas du tout aussi clair qu'il y paraît. Une planche pourrie. Il va t'entraîner dans quelque complot, pour ensuite te mettre sous le nez sa carte du FSB*.

Nikita ne discutait pas. Bien qu'il ne doutât pas une seule seconde de Iounker. Nikita buvait le thé vert que lui offrait Alia et en humait consciencieusement l'arôme "qui vous aide à restaurer votre aura". Il était inutile de discuter avec Alia. C'était une fille au destin compliqué.

Autrefois, dans son "avant-avant-dernière vie", elle avait vécu à Odessa.

"Puis mon beau-père a commencé à me violer régulièrement, racontait-elle sur le ton de la conversation mondaine tout en servant son thé vert, et je me suis enfuie à Piter**."

A Piter, Alia faisait des études pour devenir metteur en scène. On lui avait "prédit un bel

* Acronyme actuel de l'ancien KGB, la police secrète soviétique dont Vladimir Poutine a été longtemps membre.
** Diminutif affectueux donné à Saint-Pétersbourg par ses habitants même quand la ville s'appelait Leningrad.

avenir", comme on dit. En attendant que l'avenir se réalise, Alia prenait gaiement plaisir à son présent. Aux soirées style bohème, à la vie nocturne, à la chambre du foyer transformé en squat.

Voici un épisode de la seconde vie d'Alia. Lui aussi, elle le relatait avec légèreté et sérénité, comme ça, en passant. Cette faculté qu'elle avait mettait toujours Nikita en état de choc.

— *Division Bell*, l'album des Pink Floyd, venait juste de sortir à ce moment-là. Un ami peintre et moi étions allongés par terre chez lui dans le noir, nous buvions du vin, fumions du haschich et nous écoutions. Et puis tout d'un coup il s'est mis à me faire des avances, sans doute la musique l'avait-elle inspiré, or je n'aime pas les barbus. Alors, j'ai fait semblant d'être offusquée par ses tentatives, et j'ai ramassé mes affaires pour rentrer chez moi. Il était déjà tard, il voulait me raccompagner, mais je ne l'y ai pas autorisé, il fallait bien jouer jusqu'au bout le rôle de l'impératrice outragée. Assise dans le tramway, voilà que je remarque une espèce de maniaque avec un petit cartable, qui ne me quittait pas des yeux. Je pense : "On dirait bien qu'il veut me violer, celui-là." Et c'était vraiment ça ! Il est descendu derrière moi, il m'a entraînée sous un porche et il m'a violée. Depuis, je n'aime pas *Division Bell*. Parce que ce maniaque, hein, bien que sans barbe, était encore plus repoussant que le peintre. Du genre baveux.

A Piter, Alia était tombée follement amoureuse. Et elle s'était même mariée. Or, le lendemain de la noce, son mari avait disparu sans laisser de traces. "Les pompiers cherchent, la police cherche", ça avait duré comme ça une année entière. Alia avait été exclue des cours de dernière année, et elle avait commencé à avoir des cheveux blancs.

C'était une brune. Du coup ça sautait vraiment aux yeux.

Au bout d'un an, des traces de son mari avaient ressurgi quelque part du côté d'Omsk, où il aurait vécu en toute tranquillité avec l'autre de ses femmes et deux enfants. Mais les indices étaient si vagues que trouver le fuyard, ne fût-ce que pour le divorce, sembla impossible. Et c'est ainsi qu'Alia promenait toujours le tampon de la mairie sur ses papiers d'identité. Et ce jusqu'à présent.

Le jour où la copine de copains à elle avait apporté cette bonne nouvelle à propos de son mari disparu, la jeune Alia aux cheveux blancs descendait l'escalier du foyer quand elle s'était heurtée à un jeune gars, avec des lunettes aux verres épais. Il ne payait pas de mine.

"Prends-moi et emmène-moi où tu veux. Invente-moi un nom et une biographie. Je vivrai avec toi. Mais jamais je ne t'aimerai. Telle est ta destinée. J'espère que tu auras le cœur de l'accepter ?" avait déclaré Alia, royale et désespérée, au gringalet inconnu.

Et Aliocha, le gringalet, lui qui n'avait jamais touché une femme de sa vie, s'était décidé sur-le-champ et avait emmené Alia dans la petite ville de Podolsk. Rebaptisée Eliena, elle avait commencé là sa troisième existence.

Alia ne sortait pas de chez elle. Aliocha, qui s'était révélé non seulement un garçon téméraire mais encore un programmateur génial, disparaissait à son travail toute la journée. Et Eliena la Recluse buvait du thé vert, confectionnait des broderies avec des perles, lisait *Le Livre tibétain des morts*, et faisait brûler des bâtonnets d'encens. "Je me suis mise à faire tout ce que j'avais toujours détesté, et cessai de faire ce que j'aimais pardessus tout. Et ça m'a plu !" Voilà comment l'ex-Alia décrivait sa nouvelle hypostase.

Elle cessa de boire, fumer, prendre des drogues, filmer, passer des nuits à faire la fête, provoquer, rire, s'habiller, dire des gros mots, écrire des scénarios et écouter de la musique.

Elle avait, d'un geste large, envoyé au diable les nombreux amis, amants et prétendants, collègues et connaissances de "sa vie passée". En termes particulièrement fleuris.

Après quoi sa cour non seulement "l'avait laissée à tout jamais en paix", mais avait même essayé de chasser de sa mémoire le moindre souvenir de la demoiselle d'Odessa au caractère difficile. Chose malaisée. Car Alia était une jeune personne qu'on n'oubliait pas facilement.

Un lamentable jour d'automne, suivant les voies insondables et tortueuses du "monde subtil", Eliena, qui ne se levait jamais avant le crépuscule, se réveilla à sept heures du matin, se coiffa et quitta sa cellule. Ignorant avec un dédain royal l'étonnement muet d'Aliocha en train de prendre un petit-déjeuner de riz froid à la cuisine.

Eliena avait acheté au kiosque le plus proche une bouteille de Hanap et avait eu un petit sourire narquois. Elle apparut à la gare cinq minutes avant le départ du train et une seconde avant que Nikita ne se retourne après avoir noyé son mégot dans une flaque, pour monter en voiture et quitter à jamais la remarquable ville de Podolsk.

— Eh bien, où t'apprêtais-tu à partir comme ça ? avait demandé la fille aux cheveux blancs en adressant un regard assassin à Nikita qui avait déjà posé une chaussure sur le marchepied.

— Je ne fais que passer, répondit Nikita troublé. Mais il était redescendu sur le quai. La fille avait reniflé avec dédain.

— Il ne fait que passer ! Quel culot ! Tu étais venu pour moi ! Et à cette occasion tu aurais pu nettoyer tes chaussures et te montrer un peu plus aimable ! Allons-y !

Là-dessus, la fille avait agité la bouteille de Hanap et s'était dirigée d'un pas décidé vers la passerelle.

— Attendez, je prends mon sac à dos ! cria Nikita complètement déboussolé.

La jeune fille s'était vivement retournée et avait mesuré l'insolent d'un regard qui, comme elle se plaisait à le dire dans "sa vie précédente", "au mieux vous tue sur le coup, et au pire vous rend impuissant". Mais ensuite, Dieu sait pourquoi, elle avait éclaté de rire (cela non plus elle ne le faisait plus depuis sa nouvelle vie) et, agitant la bouteille d'un geste cordial vers Nikita, elle avait dit affectueusement :

— Toi et moi, petite canaille, nous ne sommes pas encore passés au vous. File chercher tes frusques !

Ils avaient bu toute la bouteille de Hanap carrément sur la passerelle. Après quoi Alia avait joyeusement dégueulé sur les trains qui passaient sous eux, et elle ne cessait de répéter :

— C'est l'oxygène, c'est ce qui m'a rendue malade, ça fait un an que je ne suis pas sortie de chez moi ! "Et sur les ruines de la tyrannie, on inscrira nos numéros !" Parti démocratique des prisonniers politiques de Russie !

Tard dans la nuit, Alia déclamait du Pouchkine, s'adressant tantôt à Nikita, tantôt au Vladimir Ilitch Lénine recouvert de mousse, tristement dressé sur son piédestal rongé par le temps en plein centre de Podolsk. Une petite OUAZ de la police avait freiné à la hauteur du monument.

— Oh, oh, oh ! s'esclaffa Alia à travers le désordre de ses mèches blanches de sorcière. Ça fait un bail qu'on ne m'avait pas embarquée au violon. Oh, oh, oh !!!

Ces déferlements de “oh, oh, oh” avaient donné la chair de poule à Nikita. Même Ilitch, qui en avait pourtant vu de toutes les couleurs, semblait mal à l’aise. Aliocha était sorti de la voiture, il prit Alia par la main et dit à mi-voix :

— Rentrons à la maison…

— Ah ! c’est toi, mon preux chevalier pauvre, maigre et blême, eut le temps de dire Alia, avant de plonger vers le bitume. Là, aussitôt, elle s’était endormie.

On avait reconduit la fugueuse chez elle dans la voiture de la police. Pendant tout le trajet, Aliocha pleurait en silence et souriait à travers ses larmes en regardant les taches de lumière floue des réverbères. Il avait perdu ses lunettes quelque part, en courant tout Podolsk à la recherche de sa capricieuse destinée.

5

— Je ne peux pas dormir ! J'ai des incendies plein la tête ! Ils me poussent à la place des cheveux. Et ils flambent dans tous les sens ! Je m'a-mu-se ! criait Iassia exultante dans le combiné en parlant à toute allure.

Il était quatre heures du matin. Iassia appelait de quelque part dans les environs de Paris.

"La cocaïne, le vin, ou simplement la France ?" s'interrogeait Nikita. Et puis quelle différence ? Chacune de ses phrases était immanquablement suivie d'un point d'exclamation. Cela ne dépendait pas des circonstances extérieures.

Elle quittait tous ceux qui l'aimaient. Et nombreux étaient ceux qui l'aimaient. Mais Nikita ne pouvait absolument pas s'arrêter. Trois ans déjà avaient passé. Nikita était devenu son meilleur ami. Et, sans murmurer, il l'écoutait patiemment se plaindre de ses nouveaux amants, de la goujaterie des producteurs qui se croyaient tout permis ou s'enthousiasmer à propos des *Monstres invisibles* de Chuck Palahniuk : "Tout y est décrit comme si ce n'était pas un misérable Yankee qui l'avait écrit, mais moi !"

On peut dire qu'ils avaient grandi ensemble. Pendant les années les plus importantes de la vie – de dix-sept à dix-neuf ans –, ils avaient été inséparables. C'est pourquoi Nikita avait souvent l'impression que Iassia était sa sœur. Or, on ne peut pas effacer une sœur de son être. Il n'essayait d'ailleurs pas. Il accueillait tout comme allant de soi.

La première année après le départ de Iassia (qu'avec sa passion pour les grands mots, elle n'appelait pas autrement que "trahison") avait été pour Nikita "une saison en enfer". Elle était partie pour la Suisse. Nikita en avait conçu une haine éternelle à l'encontre de ce petit pays neutre, indifférent à toutes les guerres mondiales et à son désastre personnel. Là-bas, Iassia faisait du ski et travaillait dans une galerie pour son nouvel amant, qui aurait pu être leur père à tous les deux. Nikita, périodiquement, recevait des courriers électroniques désespérés d'une seule ligne : *"Wright me something !!!!!!!!"* Elle faisait comme si elle avait oublié le russe. Il ne lui répondait pas. Les mots lui manquaient.

Après, Iassia était revenue en Russie. Avec des fringues de luxe, un sourire de papier glacé, et des yeux complètement fous. Ils se rencontrèrent chez une camarade de classe à elle. Iassia parlait sans discontinuer comme un automate remonté, craignant de se taire. La nigaude et sympathique Anietchka aux oreilles en feuilles de chou, qui, chaque année, s'apprêtait en vain à se marier, écoutait, approuvant avec enthousiasme et glissant des exclamations ravies.

Quant à Nikita, il s'était étendu sur le divan derrière leurs dos, le visage enfoui contre cette Iassia au parfum inconnu, qui n'était plus la sienne, et, pour la première fois de toute sa "saison en enfer", il s'était paisiblement endormi. Jusque-là, il ne dormait qu'après s'être sérieusement saoulé. Ou bourré de tranquillisants. Ou bien ne dormait simplement pas, absorbé qu'il était à contempler, jusqu'à en avoir les yeux qui piquent, leurs photos "d'enfance", retrouvant le regard heureux qu'elle conservait depuis deux ans.

De son corps docile maintenant entre d'autres bras, enfermé dans son jean neuf, parvenaient quand même jusqu'à lui, à travers toutes les couches de parfums et d'attitudes qui lui étaient étrangers, des ondes si familières, une si douce sensation de sécurité, que tout avait repris sa place. Nikita s'était détendu pour la première fois, et il s'était endormi, souriant.

Il avait été réveillé par une sorte de sensation d'horreur et de solitude cosmique qui lui serrait la poitrine. Avant même d'ouvrir les yeux, il savait que Iassia n'était pas à ses côtés. De nouveau le monde s'était écroulé, avait sombré dans le chaos et s'était transformé en enfer. Tout ensommeillée, Anietchka faisait la vaisselle, l'air coupable. "Reste chez moi, où vas-tu alors que la nuit tombe ?" Nikita laçait fiévreusement ses chaussures. "Où est-elle ? Où la chercher maintenant ?" Anietchka ne savait pas. Elle suivait l'existence de son amie comme le déplacement d'une comète : la tête rejetée en arrière et bouche bée. Evaluer sa trajectoire n'était pas de son ressort.

Nikita n'avait fini par trouver Iassia que le lendemain. Ils étaient assis sur un banc jaune et gardaient un silence distant. Iassia buvait avec une obstination mauvaise, pour se saouler, furieuse. Nikita considérait une flaque. Il faisait froid. Soudain, Iassia avait explosé. Les passants commencèrent à se retourner et à presser le pas. Elle criait, déchaînée :

— Elle n'existe pas ta Russie ! Tout ça c'est dingue ! Je ne veux pas y penser ! Je m'en fous et m'en contrefous de toutes tes malheureuses petites vieilles et des enfants affamés ! Je ne veux sauver personne ! Ils peuvent bien tous crever ! Je veux être heureuse ! Laisse-moi tranquille ! Arrête de me regarder ! Oui, j'ai trahi ! Trahi ! Trahi ! Tu peux me punir pour trahison ! Mais ne me regarde pas ! Ne me regarde pas comme ça !

Là, Iassia avait émis une espèce de hurlement inhumain et était partie en courant à toutes jambes. Le jour suivant, Nikita n'avait pas eu la possibilité de lui téléphoner. Et puis, le jour d'après encore, il avait rencontré Anietchka à un arrêt de bus, et avait appris que Iassia était de nouveau en Suisse.

A la suite de la crise de nerfs de Iassia sur le banc jaune, la "saison en enfer" entra dans une phase nouvelle. Anéanti par l'horreur et les regrets, Nikita avait sombré dans une indifférence mortelle. On aurait dit qu'il regardait la vie sur l'écran d'une télévision noir et blanc détraquée. Et rien chez lui ne réagissait aux petites images plates qui tremblotaient.

Après, il avait appris à vivre dans un monde sans elle. Il avait quitté pour Moscou cette ville qui les avait vus naître. Il avait recommencé à sentir les odeurs, à entendre les sons et à sourire aux gens. Il savait pertinemment que cet équilibre fragile s'écroulerait un jour ou l'autre comme un château de cartes, s'il lui arrivait ne fût-ce que de toucher une fois la petite main aux ongles pointus peints de toutes les couleurs de l'arc-en-ciel.

Mais, en attendant, son amour avait cessé d'être douloureux. Et il devint un souvenir inoffensif. Que l'on pouvait regarder indéfiniment, en se repassant la bobine chaque fois depuis le début. En remontant à l'époque où ils avaient tous les deux dix-sept ans.

Iassia faisait périodiquement incursion dans sa vie. Avec des coups de fil exultants à quatre heures du matin. Avec des histoires de scandales dont il devait la tirer pour ensuite l'abreuver de vodka en caressant longuement ses cheveux rouges hérissés dans tous les sens. Iassia lui rendait souvent visite et dormait en toute innocence avec lui. Et le poussait toujours à bas du lit, comme autrefois. Il connaissait toutes ses histoires d'amour. Ses hommes, riches et ennuyeux, abhorraient son nom à cause des récits de Iassia qui n'en finissaient pas sur le thème "Un jour, Nikita et moi…".

Comme auparavant, ils étaient bien ensemble tous les deux. Mais, quand Iassia disparaissait, le monde ne s'écroulait plus. Nikita avait appris à parer les coups. Même sa carrière de modèle porno et les paquets de photos d'elle indécemment nue, qu'elle sortait de son sac à main et exhibait fièrement devant lui en plein métro… Même ça avait cessé de lui faire mal. Il tâchait seulement de ne pas penser. De ne lui donner aucun nom. Ce que Iounker, qui jusque-là avait suivi l'évolution des événements sans rien dire, tenta un jour de faire à sa place.

— Comment peut-elle faire tout ça ? Une âme tourmentée ? Un tempérament inquiet ? Une fillette à scandales ? Tu es complètement idiot ou quoi ? Ça va comme ça ! Elle s'est tout simplement vendue ! C'est joli et ça paie bien. Et, en effet, elle n'en a "rien, mais rien à foutre" ni de toi, ni de tout ce qui fait ta vie !

— Je vais te taper dessus, fais attention, avait dit Nikita d'une voix basse.

Ils ne parlaient plus de Iassia.

6

Voici Iassia à dix-sept ans, qui traverse le parc d'attractions désert, c'est l'automne. Les cheveux teints en bleu sombre coiffés en hérisson. Une cigarette bon marché à la main droite. Et sur le gant noir de sa main gauche deux petits trous marrants. A l'index et au majeur. Ce qui ravit Iassia. Parce qu'avec de pareils petits trous, le geste pour signifier *fuck* ou "victoire" est très suggestif. Ce sont ses gestes bien-aimés.

Iassia chante à tue-tête *Alabama Song*. Elle sèche un séminaire sur "Les récits à propos de Pierre et Fevronia", Nikita, lui, un contrôle sur l'histoire de Rome. Il y a un instant, Nikita a arraché sur la piste de danse tous les fanions restés là depuis quelque fête de l'été. Maintenant, il fourre les petits chiffons multicolores mouillés dans les interstices carrés du grillage qui entoure la piste. Ça donne "Iassia". Iassia lui prend des mains le reste des petits drapeaux. Elle essaie de former le mot "amour". Mais il n'y en a que pour "AM". Accourt un gardien à moitié endormi :

— Comment vous vous êtes introduits ici, espèces de voyous ? J'appelle la police tout de suite ! crie-t-il à travers le grillage.

— *Oh, show me the way to the next whisky bar !* lui lance Iassia en réponse. *We don't understand you ! We are from Chikago !*

Puis ils quittent le parc à la course, et tous deux vont assister aux deux heures de cours de Iassia. C'est une conférence du postmoderniste Iermolov sur Sacha Sokolov*. Ils aiment bien Iermolov, qui se moque avec finesse de la bêtise des étudiants, ils aiment Sokolov, qu'ils se sont lu l'un à l'autre à haute voix dans les tramways bondés sur le chemin de la fac.

— Fanions ! murmure traîtreusement Iassia qui a posé sa tête sur le cahier de Nikita et l'empêche de prendre ses notes sur Sacha Sokolov.

— Fanions !

Depuis lors, cela signifie : "Je t'aime."

Sacha Sokolov part au Canada. Iassia ne s'apprête à partir nulle part.

Elle s'apprête aujourd'hui, après les cours, à passer à la bibliothèque pour lire un peu du gros tome poussiéreux de l'encyclopédie *Mythes des peuples du monde.* Et après elle a l'intention de s'embrasser longuement avec Nikita dans les toilettes des hommes où ils allaient fumer et se raconter les livres qu'ils venaient de lire. Puis d'écouter Paganini au département de musique, dans des écouteurs rafistolés avec du scotch, et d'écrire une lettre à Nikita qui, assis à côté d'elle, d'une main lui touchera les seins sous son sweat tout en lui écrivant lui aussi une lettre de l'autre, jaloux qu'il est de Paganini. Puis de se faire balader en tramway. Ou bien d'emprunter de l'argent à quelqu'un pour acheter du porto, qu'ils boiraient sous un porche ou un autre à la santé d'Aménophis IV.

* Ecrivain mythique (et génial) qui a toujours fui les médias comme Salinger ou Réjean Ducharme… Un de ses chefs-d'œuvre, *L'Ecole des idiots*, traduit par Françoise Monat, a été publié en 1991 en coédition par Zoé et Solin.

— Et après nous nous marierons et nous partirons au Mexique ! Et nous pillerons des banques comme Bonnie *and* Clyde, et l'argent nous le donnerons aux pauvres paysans qui cultivent des fèves en chantant des tangos, dit la Iassia de dix-sept ans. Tu auras un grand chapeau et des moustaches noires, et moi je me laisserai pousser les cheveux et je danserai pieds nus sur la route poussiéreuse, toute couverte de colliers, et vêtue de jupons bariolés, et après…

Et après ils avaient commencé à devenir adultes.

7

A la gare du bourg du nom spirituel de Nèfles, Nikita avait été éjecté du train. Avec lui, le contrôleur avait chassé une nuée de gamins crasseux et un ivrogne grossier en pantalon de sport. Les gamins s'étaient aussitôt évanouis dans la nature (ils avaient apparemment couru dans le wagon voisin), quant au sportif, titubant sur ses jambes flageolantes, il adressa au contrôleur un speech pénétrant.

— Frère ! Frère, écoute un peu voir ! Tu n'as pas agi en frère avec moi ! La terre est ronde, mon frère ! L'ivrogne avait dressé un index vers le ciel et l'avait agité de façon significative : Et le mal que tu fais retombera sur toi ! Et tu l'auras dans le cul, mon frère !

Le contrôleur gardait un silence hautain et crachait paisiblement ses graines de tournesol. Le petit train lança deux appels et s'ébranla en douceur.

Nikita s'en fut consulter les horaires. Sur le mur en planches de la gare était accrochée une unique pancarte : NÈFLES. Nikita avait souri.

— Vous, ça vous fait rire ! Mais vous ne savez pas ce que nous endurons à cause de ce nom ! lui déclara, l'air contrarié, un jeune homme, portant une barbiche à la Don Quichotte, qui venait de descendre de ce même train.

— Ah, et pourquoi ?

— Eh bien, voyez-vous, ça n'a déjà pas de sens en général, de s'adresser aux fonctionnaires, mais pour nous c'est doublement vrai. Quoi qu'on leur demande, ils regardent votre papier, lisent le nom du patelin et, avec un petit rire narquois, ils vous répondent : "Des nèfles !" Vous voulez de l'argent pour la réparation d'une clôture – "Des nèfles !" Un tracteur pour dégager les ordures – "Des nèfles !" Un nouveau médecin-chef – alors là, encore bien plus – "Des nèfles !"

C'est ainsi que Nikita fit la connaissance d'Alexandre Agadjanov, professeur de géographie et, dans le même temps, militant pour une vie dans la dignité à Nèfles. Alexandre Anatolievitch, âgé de vingt-trois ans, se sentait tout confus quand on s'adressait à lui par ses nom et patronyme. Dans la ville de Nèfles cependant, tous, du plus jeune au plus vieux, même ses propres élèves (derrière son dos, bien sûr), appelaient Alexandre Anatolievitch Sachenka* le Bienheureux. Sa réputation de "bienheureux", Sacha l'avait acquise deux ans auparavant quand, à son retour dans ses Nèfles natales après l'Institut pédagogique, il avait manifesté son épouvante.

— Si vous avez le temps – or, le temps, Nikita l'avait toujours –, je peux vous faire visiter notre ghetto. Nous vivons ici sur un Vésuve bactériologique. Ne riez pas ! Les Nèfles sont une bombe, c'est pire qu'Al-Qaida !

Ses études supérieures se manifestaient dans le langage de Sachenka par une abondance de métaphores.

La petite ville de Nèfles avait été construite autour d'un hôpital pour tuberculeux. Le temps

* Le prénom Alexandre a pour diminutifs : San'ja, San'jka, Sacha, Sachka, Sachenka.

et le capitalisme sauvage avaient eu raison de l'enceinte en béton qui séparait les habitants de Nèfles en bonne santé des patients de l'hôpital. Les malades avaient envahi le bourg. Crânes rasés et épaules tatouées commencèrent à se faire voir par-ci par-là dans une extrême promiscuité avec les beautés dormantes du coin. Les belles se mirent elles aussi à tousser et à boire en compagnie des porteurs du bacille avares de paroles.

La vie et la mort dans le bourg de Nèfles entrèrent dans une sorte de symbiose archaïque. L'ex-morgue, en tant que seul lieu doté d'un réfrigérateur, avait été transformée en magasin d'alimentation. On évacuait les cadavres vers la ville voisine dans un minibus. Que l'on chargeait au retour avec les produits pour le magasin d'alimentation du bourg.

Et puis il y avait une décharge aussi à Nèfles. Carrément sur la pittoresque berge de la Volga. Dans la décharge, la descendance des Belles au bois dormant de Nèfles et des patients de l'hôpital pour tuberculeux jouait avec les perfusions et les seringues.

— Selon les instructions, ils doivent incinérer les instruments qui ont servi ! s'indignait Sacha Agadjanov, seul habitant de Nèfles à ne pas partager le fatalisme général. Il y a du sang là-dedans, voyons ! Tout est infecté ! Des légions de bacilles de Koch ! Sans même parler des enfants, il suffit qu'il y ait des pluies un peu fortes et tout cela sera entraîné dans la Volga ! Et voilà la catastrophe étendue à plusieurs régions ! C'est du sabotage ! Un Tchernobyl de la phtisie !

Déjà Nikita commençait à sentir l'infection omniprésente s'infiltrer à travers les semelles de ses chaussures et s'attaquer avec avidité à son jeune organisme. Il avait été particulièrement impressionné par les “légions de bacilles de Koch” qui, semblait-il, laissaient leurs empreintes tout au long des rues tortueuses de Nèfles et paradaient sarcastiques devant le tribun esseulé, figé au sommet de la décharge, figure antique du désespoir.

Cependant tout était paisible en effet à Nèfles. Une jeune demoiselle résignée en blouson framboise traînait son morveux le long de la décharge. Voyant que son rejeton s'était barbouillé de bonbon, la belle s'accroupit et, ayant puisé de l'eau dans une flaque, se mit à nettoyer l'enfant.

— Mais vous avez perdu l'esprit ! C'est antihygiénique voyons ! – Agadjanov avait bondi sur la mère attentionnée.

— Antihygiénique toi-même ! avait rétorqué la fille avec flegme, en l'écartant d'un geste. C'est toi qui m'as fait cet enfant ? Non, c'est pas toi ! Alors tu te calmes. C'est qu'il me tomberait dessus, le Bienheureux, avec son hygiène !

De derrière les ruines de l'enceinte de l'hôpital surgit une créature portant blouse blanche, de sexe indéterminé.

— Sachka ! Espèce de monstre ! Qui as-tu encore traîné ici ?! Le diable t'emporte en enfer !

— Pourquoi le prenez-vous comme ça, Olga Ivanovna ? Pourquoi me menacez-vous de l'enfer ? répondait Agadjanov avec amertume. C'est de vous que je me soucie ! De votre santé et de celle de vos enfants !

— Fiche-moi le camp avec tes soucis ! Marie-toi ! Et éduque ta femme ! Moi, tu me lâches ! C'est qu'il nous rend la vie impossible !

Olga Ivanovna Potiebienko, que tout le monde à Nèfles appelait Poiebenko* pour faire court,

* Jeu de mots grossier sur le nom de famille : la lettre *t* supprimée, on retrouve le verbe *iébat'* qui signifie “baiser”.

l'avait abreuvé d'injures à satiété et poursuivait sa route vers le magasin d'alimentation.

— Quand on rencontre pareille indifférence de la part de l'infirmière-chef, que peut-on attendre du reste du personnel, sans parler des malades !? résuma tristement Sachenka.

Une demi-heure plus tard, Nikita, qui avait pris place sur les marches du perron de l'hôpital, était déjà au fait de l'épopée "sachesque" dans sa totalité. Le Don Quichotte de Nèfles, qui languissait depuis longtemps après un auditeur attentif, sortait de son cartable en cuir et répandait sur les genoux de Nikita un monceau de lettres et de requêtes officielles adressées à tous les organes du pouvoir.

Sacha ne se battait pas seulement pour la construction d'une clôture et l'éradication de la dangereuse décharge. Sacha exigeait que l'on installât le téléphone à Nèfles, que les gens de Nèfles vissent apparaître leur propre sergent de ville, que l'on soumît l'ensemble des habitants à une vaccination obligatoire. Il se souciait aussi de "l'éducation de la population, tant en matière d'hygiène personnelle que de respect du langage". Et il s'occupait de l'édition de la brochure *Mesures prophylactiques lors des contacts avec des malades atteints de tuberculose.* Le jeune professeur de géographie abordait quantité de sujets dans sa correspondance, tumultueuse bien qu'à sens unique, avec l'Etat.

Nikita avait assez rapidement perdu le fil du récit.

Les expéditions d'une antichambre à l'autre se fondaient en une seule et même mélopée sans fin avec pour refrain "Et on m'a éconduit".

Et là, au-dessus de leurs têtes, le tonnerre avait retenti.

— Tu es encore en train de constituer ton dossier d'accusation ! avait aboyé le médecin-chef Stepan Savvovitch qui, depuis quelques minutes déjà, prêtait l'oreille au récit décousu de Sacha. C'est qui celui-là ? Pourquoi des étrangers se trouvent-ils sur le territoire de l'hôpital ?!

— Stepan Savvovitch, vos malades se promènent par tout le bourg, un étranger peut donc bien de son côté traverser le territoire de l'hôpital. Le mur, hein, ça fait longtemps qu'il faut le réparer, se défendait sournoisement Agadjanov. En outre, ce n'est pas un étranger. C'est un journaliste.

Nikita, surpris, avait dressé l'oreille.

— Il ne manquait plus que ça ! Voilà qu'il se met à racoler des journaleux ! Mais tu dérailles complètement ! Ou alors tu as l'intention de te présenter aux élections peut-être ? grondait Stepan Savvovitch. C'est quoi ce journaliste ? Son nom !

— Aramis, répondit Nikita avec sérieux et dignité.

— Quoi, quoi ?

La surprise avait dissipé toute la fureur du médecin-chef.

— Aramis Rostislavsky. Du journal *Koultoura Kourby*. Envoyé spécial.

Nikita avait secoué la lourde main de Stepan Savvovitch stupéfait. Et, profitant de la déstabilisation momentanée de l'adversaire, il s'enquit d'un ton sévère :

— Quand rétablirez-vous une clôture ?

Agadjanov avait émis un petit sifflement admiratif. Le médecin-chef avait souri :

— Une clôture n'a absolument rien à faire là-dedans. Agadjanov est chez nous le seul à penser que les bacilles de Koch, arrivés à la barrière, vont faire volte-face et s'en retourner bien gentiment. Les bacilles, eux, ne fonctionnent pas ainsi ! Ils franchissent n'importe quelle clôture en toute simplicité ! Et, si Agadjanov s'y entendait tant soit peu en médecine, il ne remuerait pas du vent pour rien ! Voilà ce que vous allez écrire dans votre... heumm... publication !

— Mais là n'est pas la question, voyons ! Les malades eux traversent, non ? Sans rencontrer le moindre obstacle ! Stepan Savvovitch, où allez-vous donc ?

Sachenka en appelait en vain au large dos du médecin-chef disparaissant dans les entrailles du Tchernobyl de la phtisie.

— Au fait – Stepan Savvovitch s'était inopinément retourné –, j'ai deux filles qui ont contracté la tuberculose ici. Moi aussi. On n'échappe pas à son destin ! Et ce n'est pas une clôture qui nous en protégera !

La porte de l'hôpital claqua en se refermant lourdement.

— Ils ne veulent rien entendre ! Des fatalistes ! – Sacha, anéanti par le chagrin, se laissa tomber sur les marches rugueuses et entreprit de remettre les lettres éparses dans son cartable. – Ils ne veulent pas vivre comme des humains ! Ils veulent mourir, tous autant qu'ils sont ! Et ils mourront ! Tous, jusqu'au dernier ! Et ils conduiront les enfants à leur perte !

Mais Agadjanov du bourg de Nèfles n'était pas de ceux à qui les défaites font baisser les bras.

Par la suite, durant quelques mois, il avait régulièrement téléphoné à Nikita, le remerciant longuement de Dieu sait quoi et lui relatant avec flamme ses énièmes tentatives pour rendre une vie digne de ce nom aux habitants de Nèfles.

Avec le temps, lui-même avait commencé à croire à son histoire de journaliste, et c'est sincèrement qu'il en appelait à lui, comme à un représentant du "quatrième pouvoir". Nikita promettait de “coopérer”, et c’était avec des forces neuves que Sacha repartait se battre contre les moulins de la tuberculose.

Cependant, au bout de six mois, une femme inconnue avait appelé Nikita et, d’une voix dénuée de toute émotion, elle dit qu’on avait tué Sacha.

— Oh, qui ? Qui ? L’un des malades. Ce sont presque tous des repris de justice, n’est-ce pas. Ce dernier fréquentait sa sœur. Sachka n’arrêtait pas de la tanner, il lui disait de faire gaffe, qu’elle l’attraperait… Un innocent c’était, notre Sachka, vous le savez sans doute. Bon, et elle est tombée malade. Sachka, le pauvre nigaud, arrive dans sa chambre alors que l’autre était chez elle, et il veut le mettre à la porte. Mais l’homme était ivre. Fous le camp, il lui dit, avant que je me fâche. Mais Sachka ne s’en va pas. Alors, l’autre lui a planté son couteau dans le ventre, et pas qu’un coup. Il a mis deux jours à mourir. Il se désolait sans cesse de ne pas avoir eu le temps de vous raconter “une chose d’importance”… Mais comment je saurais, moi, de quoi il s’agit ? On le comprendra peut-être avec ses chers papiers, hein. J’ai l’impression que quelqu’un lui avait promis de l’argent pour cette fameuse clôture trois fois maudite. Transmets au journaliste, il m’a dit, qu’il écrive que nous avons gagné… Qui, moi ? Qui, qui… Eh bien, mais, sa mère…

8

— Il y a trop de gens dans ta vie ! – Alia allumait un bâtonnet d'essence de lavande, contre le stress. – Tu es surpeuplé, comme la Chine ! Tu n'arriveras pas à les nourrir tous. Ton âme n'y suffira pas. Il est temps d'arrêter maintenant. Cesse ces expéditions, tu y laisseras ta peau. Tu ne pouvais pas vivre en paix, il a fallu te fourrer dans je ne sais quel Nèfles ! Pour te retrouver là maintenant à pleurer un innocent géographe assassiné, que tu n'as vu qu'une seule et unique fois !

— Tu ne comprends pas…

— Si, je comprends ! Je comprends parfaitement que tu es un idiot ! Il cherche la Russie ! Ta Russie, elle est en toi !

— Non, elle est dans les autres. Dans leurs histoires. Dans la tienne avec ton mari disparu et *Division Bell.* Dans cette femme, qui a lu dans quelque bouquin américain qu'il faut toujours sourire. Dans la vieille Nioura sourde qui continue à vivre sous Gorbatchev parce qu'en 1986 son téléviseur a cramé…

— Et pourquoi la Russie ne pourrait pas être en toi aussi ? Puisqu'elle est en nous ? Pourquoi cherches-tu les Russies des autres ? La tienne ne te suffit pas ? Ou bien crois-tu que la tienne, tu l'as suffisamment étudiée, que tu en as fait le tour ?

— Je ne sais pas. A la “mienne”, en fait, je n’ai jamais eu l’idée d’y penser.

— Parce que tu es un imbécile ! Il ne se connaît pas lui-même, mais s’immisce chez les autres pour en faire connaissance. La Russie est en toi. Et le monde entier aussi. Quand tu auras compris ça, tu arrêteras de courir le monde comme une tribu de bohémiens et tu t’occuperas enfin de quelque chose de sérieux.

— De quoi de sérieux ?

— De toi, bien entendu !

Ni l’aromathérapie ni les conversations didactiques n’aidaient Nikita à revenir en lui-même. Mais, à cet instant, Alia se souvint que ce jour-là était, pour Aliocha et elle, l’anniversaire de leurs trois ans ensemble. A cette occasion, le doux programmateur fut expédié au magasin chercher une bouteille de vodka.

— Tout ça à cause de toi, disait Alia avec satisfaction, à cause de ta quête de la Russie. Il va falloir se replonger dans l’abîme du péché. Car je vais me saouler et après je vais te battre. Et d’un coup ta cervelle se remettra en place !

Une heure environ plus tard, Alia, plus que satisfaite, déclarait :

— Tu sais pourquoi je t’aime ? Non, bien sûr, je ne t’aime pas, je te déteste, mais j’admets ton existence, et même, parfois, pas si loin de moi. Ta principale vertu, c’est de ne m’avoir jamais demandé : “Comment, si jolie, brillante et dotée de tant de talents, peux-tu vivre avec un type aussi terne et inintéressant qu’Aliocha ?” Si vous saviez ! Vous êtes tous des gamins comparés à lui ! Hein, Aliocha ? Allez, dis-lui tout de suite quel homme remarquable tu es !

Aliocha s’était borné à rougir doucement dans son coin en gardant un silence crispé. Alia fut prise de l'envie de sortir "se promener sous le ciel étoilé". Quand la porte avait claqué, Aliocha, tout amolli par les compliments d'Alia, avait découvert une chose terrible : il avait oublié les clefs à l'intérieur.

— Ah, et que veux-tu dire par là ? Que je vais passer la nuit dehors ? Moi, je peux, ce ne sera pas la première fois. Mais, sache-le, ce sera notre dernière nuit ! – Laissant son pauvre chevalier seul avec la porte fermée, Alia commença à descendre. – Et toi, qu'est-ce que tu as à piétiner là-haut ? "Mon" homme n'a besoin de personne pour l'aider ! Sinon ce n'est pas "mon" homme. Allons-y, qu'il fasse ce qu'il voudra. Je ne veux même pas y penser, et à toi… je te l'interdis !

Alia avait saisi la main de Nikita et l'avait entraîné en bas. Il était deux heures du matin. Tous les voisins étaient à la datcha. Il n'y avait personne à qui demander ne fût-ce que de quoi enfoncer la porte. Le sort d'Aliocha inquiétait sérieusement Nikita. Mais Alia était insouciante et impitoyable. Ils s'assirent sur le banc près de l'entrée de l'immeuble voisin et entreprirent de finir la vodka.

"E-e-eh ! Une fraîche brise a parcouru la plaine…" Le chant sonore d'un vagabond solitaire avait troublé le silence.

"E-e-eh ! Une fraîche brise…" A en juger par le bruit des pas qui leur parvenait de derrière les buissons, le chanteur esquissait en outre une sorte de danse pour accompagner sa chanson.

Au-dessus de leurs têtes, Nikita et Alia entendirent claquer une fenêtre qu'on ouvrait à grand fracas, et une harpie invisible s'enquit sournoisement auprès de l'univers nocturne :

— Ah oui, et c'est chez qui, comme ça, qu'une fraîche brise a fait je ne sais quoi ?! Et qui avait promis d'être à la maison à neuf heures, à jeun et avec sa paie ?!

Les pas s'étaient arrêtés. La harpie soufflait, guettant sa proie. De derrière les buissons retentit bientôt de nouveau : "E-e-eh ! Une fraîche brise…", mais à vrai dire on y décelait déjà comme une nuance de désespoir.

Dans l'appartement, il y eut un bruit sourd. Alia et Nikita en étaient à penser que la harpie s'était écroulée, anéantie par l'impudence suicidaire du nocturne baladin. Mais quelques secondes plus tard, saine et sauve, semblable à Freken Bek*, les pans de sa robe de chambre flottant au vent et un rouleau à pâtisserie dans sa main puissante, elle surgissait à l'entrée de l'immeuble et fonçait comme un boulet de canon vers les buissons derrière lesquels "Une fraîche brise" achevait sa course.

La chanson s'interrompit. Le garde-chiourme domestique passa devant Alia et Nikita, traînant un petit bonhomme dans un triste état. Le chantre de la fraîche brise agitait piteusement ses jambes sans toucher terre, hoquetait et se lamentait. Le charmant petit couple avait disparu dans l'entrée et, venant de la tanière de la harpie, se firent entendre les bruits d'une houleuse scène de ménage.

Puis le baladin flétri s'était penché à la fenêtre, histoire de faire prendre l'air à sa tête coupable. Mais la brise fraîche ranima en lui la flamme de la contestation. Ayant aperçu Nikita, le petit type se mit à brailler, emporté par un nouvel élan :

— Eh, le gars ! Eh, le gars ! Ecoute : en vérité, je te le dis ! Ne te marie jamais !!!

La dextre toute-puissante saisit le mutin par le col, l'arracha à l'appui de la fenêtre et lui fit

* Gouvernante, personnage de la trilogie *Le Petit Garçon et Karlsson* de la Suédoise Astrid Lindgren, qui a connu en Russie un succès phénoménal.

réintégrer le foyer. La fenêtre avait claqué en se refermant. De l'obscurité sortit le pâle Aliocha, avec les clefs.

— Alors, tu as enfoncé la porte ? demanda Alia dans un bâillement.

— N-n-non-on, p-p-par la gou-gout-tière, je ssuis en-en-tré pppar la fen-fe-nêtre.

— Et tu es tombé, ou quoi ?

— N-n-non.

— Alors pourquoi tu hoquettes, hein ? En voilà un exploit dites-moi ! Réussir à grimper jusqu'au premier !

Alia haussa les épaules avec dédain et rentra se coucher.

Nikita avait regardé la fenêtre. Le tuyau de la gouttière. Le docile programmateur qui, durant ses dix années d'école, avait été dispensé de culture physique. Et, sans mot dire, il avait serré la main d'Aliocha. Tant qu'Alia n'était pas là pour le voir.

9

Nikita était revenu de Podolsk avec trois roubles en poche. Parce que les soins contre son mal de Russie, la célébration de "l'anniversaire" et celle de l'exploit du preux Aliocha, grimpé par la gouttière jusqu'au premier étage, s'étaient étirés sur plusieurs jours.

A Moscou, à la gare de Koursk, à cinq heures du matin, c'était bizarre. Sur le volet du premier kiosque où Nikita voulut acheter des cigarettes à l'unité, au lieu du traditionnel "Je reviens dans cinq minutes", était affiché "Suis parti à la chasse à Ben Laden".

Dans le deuxième kiosque, l'antique vendeuse lisait avec stupéfaction *Le Festin nu*. Elle avait visiblement été attirée par la couverture voyante et le titre appétissant. Mais il était manifeste qu'elle ne s'attendait pas à tomber dans cet univers de perversion.

Dans la troisième boutique, deux Caucasiens faisaient quelque chose de mystérieux. Quand Nikita frappa à la vitre, ils sursautèrent en même temps, se firent dégringoler l'un sur l'autre une avalanche de boîtes, essayèrent de filer, se cognèrent du front, vendirent à Nikita un paquet de Gauloises pour ses trois roubles et refermèrent violemment la petite fenêtre.

A l'entrée du métro, dans l'attente de l'ouverture, s'était formé un attroupement conséquent. Nikita, qui n'avait radicalement plus un kopek, s'en fut essayer de soutirer dix roubles à ses concitoyens. Aller à pied jusqu'à Altoufievo à travers tout Moscou lui paraissait un exploit digne d'Héraclès. Nikita ne se sentait rien d'Héraclès, ce matin-là en particulier.

Les gens l'accueillirent fraîchement. L'un dit qu'il n'avait pas d'argent, juste un passe valable pour un trajet. L'autre "n'avait que de grosses coupures". Le troisième, pas le courage de chercher son porte-monnaie. Une bonne femme chargée de grands sacs lui dit : "Nous on travaille, tu n'as qu'à travailler toi aussi ! C'est pas la peine ici de… !" et un flic moustachu le menaça de le conduire au poste.

Juste contre les portes, un clochard avait bougé. Personne, y compris Nikita, ne fit attention à lui. Cependant le SDF, après avoir fouillé dans ses poches démesurément profondes, en avait extrait un billet de dix tout chiffonné. S'étant majestueusement approché de Nikita, il lui tendit l'argent et regarda autour de lui, l'air triomphant. Le public fit comme s'il ne s'était rien passé.

Nikita et le clochard avaient fraternisé. *"Carthago delenda est !"* lui dit l'homme, en regardant les gens prendre d'assaut les portes du métro. Et il expliqua à Nikita étonné qu'il avait suivi deux cursus universitaires mais que les études l'avaient déçu et qu'il était devenu "un philosophe errant".

Là-dessus il s'était lancé dans une conférence sur le sens de la vie :

— La vie est un escalator qui descend. – Le SDF, avant de s'accroupir, avait tiré de ses larges pantalons un mégot effiloché. – En bas, évidemment, se trouve l'enfer. Ou le néant. Ou la mort. A chacun sa préférence. Notre but est de monter. Vers là où se trouve Dieu. Ou la lumière. Ou le salut. Nous n'allons pas discuter terminologie. Ça n'a pas d'importance quand l'escalator descend.

Prenons un homme ordinaire. Son souhait normal est de s'élever. Mais tous ses efforts sont grignotés par le mouvement inverse de l'escalator. Résultat : l'homme reste sur place. Que fait la majorité ? Bien évidemment le plus simple. Ils se lassent, s'assoient sur les bonnes petites marches avec une bonne petite bière, et redescendent mollement. Seuls les élus réussissent à acquérir une vitesse capable de surmonter l'inertie du surplace, et à monter !

— Et vous alors ? avait tristement demandé Nikita. Vous, c'est quoi ? Vous aussi, vous êtes assis sur les marches avec votre bière ?

Le penseur lui jeta un regard tragique et brûlant puis il répondit :

— Je monte. En outre, mille fois plus vite que tous les autres. Seulement, mon escalator descend à une telle allure que la plupart d'entre vous auraient en une seconde basculé en enfer. Or moi, je tiens depuis cinqua ite-trois ans déjà. Si moi, "avec mon intelligence et mon talent", j'avais pris votre escalator, ça ferait longtemps que je serais au sommet !

— Et pourquoi votre escalator est-il aussi rapide ?

— Parce qu'"à chacun sa croix", lui répondit sèchement le clochard, contrarié par ses questions. Comment le saurais-je ? Est-ce qu'on m'a demandé mon avis ? Nous ne décidons d'ailleurs en général de rien dans l'existence.

La seule liberté qui nous est accordée est de choisir le rapport que nous avons avec le destin qui nous est échu. Moi, je me comporte vis-à-vis de lui avec philosophie.

Nikita avait eu envie de prendre des notes. Il fouilla dans son sac à dos. Quand le SDF aperçut le bloc-notes, il renifla avec mépris :

— Me voilà bien, avec un Carlos Castaneda ! Quoique, vas-y, écris. Toute la philosophie de l'Antiquité s'est conservée grâce aux élèves peu doués qui avaient mal assimilé la vérité : nous ne savons que ce que nous avons en mémoire, et non ce que nous avons noté sur le papier.

10

Alia avait dit : "J'en ai assez de tes tragiques sagas. Raconte-moi au moins une histoire «positive» sur la Russie, à la fin. Ou bien il n'y en a pas ? D'ailleurs est-ce que c'est arrivé, un jour, même il y a très longtemps sous quelque tsar des Pois du temps de Mathusalem par exemple, qu'il ait fait bon vivre ici ?"

Iounker avait dit : "Il faut acheter quatre cents ballons, les remplir d'hélium. Et puis y attacher un député, et lâcher le tout. Qu'il fasse donc un petit tour dans les airs, qu'il réfléchisse un peu. L'opération est absolument sans danger. Les ballons se dégonfleront peu à peu, et le député descendra confortablement vers les vastes espaces de son pays natal, pour atterrir dans les bras de ses électeurs reconnaissants."

Iassia avait dit : "A l'exposition du Valet-de-carreau, j'ai vu un tableau – un homme en noir, avec un brassard rouge et blanc, et tout autour des têtes un cercle lumineux. On aurait dit une icône. Et j'ai pensé : Et si brusquement dans cent ans, on allait béatifier les prisonniers politiques du natsbol* ?!

* Les natsbols sont les militants du Parti national-bolchévique, parti politique nationaliste créé en 1992, avec la participation de l'écrivain Edouard Limonov, par l'idéologue Alexandre Douguine rallié désormais à Poutine (voir p. 77-78). Limonov

A l'instar de Nicolas II* – lui non plus, personne parmi ses contemporains n'aurait pu supposer cela. Rends-toi compte, les saints martyrs Abel et Limonov** !"

Le tsar Nicolas Ier a dit : "J'avoue que le despotisme est à la base de ma façon de gouverner. Mais cela correspond à notre esprit national."

Koromyslov, directeur d'une maison d'édition, a dit : "Je ne comprends pas pourquoi la jeunesse aime tant bavarder. Moins de paroles, plus d'action. Procure-toi une arme et fais pisser le sang à une paire de sbires du FSB. Et puis flingue-toi toi-même. Ça, c'est la révolution, petit !"

Un hippie illuminé a dit dans le métro : "Quelle censure ? Et la liberté de pensée alors, et la démocratie ? Vous devez confondre, nous vivons dans un pays européen civilisé. Il ne reste qu'à légaliser la marijuana, et tout sera absolument fantastique !"

La grosse bonne femme à la gare a dit à un de ces enfants qui mendient : "Pourquoi tu demandes qu'on te donne de l'argent ? Tu es trop grand maintenant ! Il est temps de voler !"

Pouchkine avait dit : "C'est le diable qui a eu l'idée de me faire naître en Russie avec une âme et du talent !"

et ses partisans, exclus en 2006, soutiennent quant à eux L'Autre Russie de Garry Kasparov.

* Nicolas II a été béatifié par le Patriarcat de Moscou le 14 août 2000.

** Voir E. Limonov, *Mes prisons*, Actes Sud, 2008.

11

Iassia était un véritable aimant pour tous les obsédés possibles, les pauvres d'esprit et les pervers. Ils fondaient sur elle comme les mouches sur le vinaigre. S'il se trouvait un obsédé quelque part, c'était à coup sûr Iassia qu'il repérait entre tous les gens présents. Et c'est à elle précisément qu'il venait raconter des histoires de boules de feu lisant dans ses pensées, ou d'extraterrestres utilisant les humains comme scaphandres biologiques.

Iassia avait pitié des déshérités et elle les écoutait. Et après elle ne savait pas comment s'en défaire car, c'est bien connu, les obsédés sont des êtres particulièrement collants.

Le plus haut en couleur parmi les fans de Iassia avait pour surnom Trémor, et était membre des Jeunesses communistes. C'était un komsomol aux cheveux tout blancs, bien qu'il ne fût pas très vieux. A vrai dire, il avait quand même déjà dépassé l'âge d'être komsomol. Trémor avait trente-cinq ans.

Iassia l'avait aperçu à un de ces meeting anti-américains. Il faisait brûler un mannequin de George Bush. Et, ce faisant, Trémor, le komsomol, avait une expression telle qu'on aurait dit que ce n'était pas une poupée de chiffon qu'il brûlait, mais bien, en chair et en os, le président de la grande puissance ennemie. Et Bush de tressauter, gémir et implorer.

A ce moment, le tortionnaire avait aperçu Iassia, il avait laissé tomber Bush qui n'avait pas fini de brûler et, tel le brise-glace *Krassine*, avait fendu vers elle la foule des jeunots du natsbol et des pépés du parti communiste.

Ayant réussi à rejoindre Iassia, il était tombé à genoux (il avait dérapé) et, tremblant de tous ses membres (d'où son surnom), lui avait dit : "Sœurette ! Ma vie entière je t'ai attendue ! Allons-y, je vais tout te confesser !"

Et Iassia, compatissante, y était allée. Depuis lors, se débarrasser du maniaque était devenu la principale préoccupation de sa vie agitée.

Trémor était toujours sur ses talons. Il passait la nuit dans l'entrée de son immeuble, montait la garde aux portes de la fac. Où qu'elle allât, il suivait Iassia à quelque distance en vrillant sur son dos un regard qui aurait justifié l'intervention d'urgence d'un psychiatre. De temps en temps, les amis de Iassia le remarquaient comme une traîne dans son sillage, et exprimaient leur inquiétude. Mais Iassia les faisait taire avec insouciance :

— Ah, tout va bien, c'est mon obsédé personnel ! Il n'est pas méchant !

Quand Iassia se retrouvait seule, le délicat Trémor la rejoignait, pour dévoiler à sa "sœurette" une énième page de son amère biographie. Le plus souvent ses histoires parlaient des "drouganes" de Trémor, ses doubles, qui, tous autant qu'ils étaient, avaient déjà péri ou, plus exactement et selon sa propre expression fort bien trouvée, "s'étaient dédédoublés".

Un jour que Trémor se trouvait d'humeur lyrique, il avait entraîné Iassia dans un cimetière, où reposaient tous ses "doubles" qui "avaient fini de se dédoubler". Et, la journée entière, il l'avait conduite à travers les tombes et avait beuglé de déchirantes complaintes tirées du répertoire de Mikhaïl Kroug*.

Comme quoi "tous les potes sont partis et moi seul je suis resté". Iassia voulait prendre ses jambes à son cou, mais Trémor la tenait d'une main ferme.

Quand la nuit fut tombée, Trémor alluma un petit feu sur le bord de la route nationale, fit asseoir Iassia sur un rondin pourri et lui confia combien il faisait bon vivre en Union soviétique. Evidemment, tous les "doubles" qui faisaient métier de dépouiller les passants étaient alors encore en vie et ils se réunissaient chaque jour pour boire leur ration de vodka à trois roubles soixante-deux kopeks la bouteille à l'angle de l'avenue Lénine et de la rue du 25-Octobre...

Bientôt, cependant, les événements prirent une tournure nettement moins idyllique. Trémor s'était mis en tête de se marier avec Iassia. Il prévoyait d'organiser la noce le 7 novembre** avec des calicots et les drapeaux en velours de l'Obkom***. Trémor n'appelait plus Iassia "sœurette" et l'épuisait avec de singulières propositions qui étaient censées démontrer toute la force et la profondeur de sa passion komsomolesque.

— Tu n'as qu'un mot à dire et je me jette du haut de ce pont ! déclarait-il à Iassia, et il accompagnait

* Auteur-compositeur-interprète de chansons, mort tragiquement (1962-2002).

** Anniversaire de la révolution d'octobre 1917. En raison du changement de calendrier (13 jours de différence) instauré par les bolcheviks, le 25 octobre est devenu le 7 novembre.

*** Comité régional à l'époque soviétique.

ses paroles du regard fou de ses yeux bleu pervenche écarquillés.

Iassia ne voulait pas que Trémor saute du pont, en effet il faisait déjà froid.

— Indique-moi seulement qui te veut du mal et je leur ferai bouffer la "pechnia" à tous !

Trémor s'échauffait, s'échauffait, et il se précipitait à toutes jambes chez lui, où le fatal instrument était rangé dans un réduit. Cependant, Iassia ne savait pas à quoi ressemblait une "pechnia" et pensait naïvement que c'était de la bouillie empoisonnée contre les petites bêtes. Elle découvrait que la pechnia était une grosse barre de fer avec laquelle les pêcheurs trouent la glace. "Bouffer" un pic à glace devait être très ardu et, probablement, très douloureux. Iassia ne voulait pas que qui que ce soit subît un tel sort.

Et Trémor, chauffé à blanc, se mettait à asséner des coups de poing au mur de béton, ne se calmant que quand il s'était tout écorché.

Quiconque, à la place de Iassia, se serait mis à réfléchir sérieusement après des histoires pareilles. Mais ce n'était pas dans la nature de Iassia.

Elle fut prise au dépourvu par l'amour du komsomol à son apogée la nuit du Nouvel An. Nikita et elle s'étaient alors une fois de plus (sur son initiative à elle, bien sûr) "séparés pour toujours", et Iassia, fière et libre, était partie célébrer la fête nationale la plus importante au foyer de la fac de lettres.

Vers le matin, quand la majorité des futurs professeurs étaient déjà affalés sur le sol poussiéreux, Trémor apparut sur le seuil de "l'isba de la baise" (c'est ainsi que l'on nommait une chambre que personne n'occupait et où les étudiants s'adonnaient à leurs distractions favorites). Il avait peine à tenir sur ses jambes, était couvert de sang et serrait une hache dans ses mains.

— Tu vas venir avec moi ! avait rugi Trémor d'une voix rauque en apercevant Iassia assise comme une âme en peine sur l'appui d'une fenêtre.

Les avances amoureuses du komsomol avaient déjà, à cette époque, été repoussées et le mariage sous les rouges étendards annulé.

— Où ça ? s'enquit Iassia, curieuse.

— *En enfer !* hurla Trémor qui avait une faiblesse pour les effets bon marché, et il fit un grand geste, brandissant sa hache.

Le sommeil des étudiants n'en devint que plus profond.

— Qu'est-ce que tu as là ? Allons, laisse que je regarde ! dit Iassia sur le ton sévère d'une maîtresse d'école, et elle tendit la main.

Et là s'était produit un miracle : Trémor, Dieu seul sait pourquoi brusquement calmé, lui céda l'arme du crime sans broncher. Avec sang-froid, Iassia jeta la hache dans un coin libre de tout étudiant et emmena Trémor pour le nettoyer de son sang et panser ses poignets aux veines ouvertes. Trémor s'était aussitôt endormi contre le lavabo et, le matin, il ne se souvenait de rien. Quant à Iassia, elle se réconcilia avec Nikita et déclara "qu'après un épisode aussi dostoïevskien, c'était Dieu lui-même qui leur ordonnait de se rendre à Piter". Ils empruntèrent de l'argent et partirent pour la ville de Raskolnikov.

Après, Nikita avait revu Trémor encore une fois. Sous une pluie battante d'octobre, courbé pratiquement jusqu'à terre, Trémor s'épuisait à transporter quelque part un petit tambour de pionnier. La lutte contre l'impérialisme, et ses incessantes beuveries solitaires avaient complètement épuisé les forces du komsomol aux cheveux blancs. Chaque goutte de pluie le faisait chanceler et on avait l'impression que l'héroïque maniaque marchait vers son avenir radieux non sous la pluie mais sous une grêle de pierres. De plus, la pernicieuse vodka capitaliste lui avait rongé l'estomac et il ne cessait de tomber sur les genoux et de cracher le sang. C'est ainsi qu'il se propulsait à travers l'obscurité et le mauvais temps, dans son imperméable taché de sang avec son instrument, bretelle en travers du ventre. Comme un fantôme, blessé et blanchi dans les combats, du jeune tambour des vieux contes soviétiques.

12

C'est à Piter que Nikita fit la connaissance de Rochtchine. Alors qu'il avait essayé (tentative couronnée de succès) de faucher dans une librairie *La Société du spectacle*. Les vendeurs, totalement absorbés par leurs mots croisés, n'avaient pas remarqué le forfait de Nikita, Rochtchine si. Et il l'avait approuvé. Sorti à la suite du délinquant, un homme jeune qui avait l'allure d'un universitaire lui avait dit : "C'est un bon bouquin que vous avez volé."

A vingt-cinq ans, Rochtchine avait une calvitie naissante, le titre de maître de conférences et une fille de six mois, Maria Evguenievna. Maria Evguenievna savait déjà se retourner et elle roulait à travers le lit comme un petit pain, quant à Rochtchine il lisait Guy Debord, aimait *Le Cuirassé Potemkine* et (sous le pseudonyme de "Ropchine") publiait dans le journal *Limonka** des poèmes à propos de bombes.

Rochtchine avait quatre cents heures de *trance* sur son ordinateur et un tee-shirt à l'effigie de Che Guevara fumant un cigare géant.

Il disait : "J'ai honte de vivre à l'aise, alors que, dans mon Kovrov natal, les gens se nourrissent

* Journal créé par Limonov, dont le titre est un mot-valise qui associe "grenade" *(limonka)* qui peut se dégoupiller et le nom de l'écrivain.

de chats. C'est pourquoi je pense à la révolution. Sinon, je ne penserais qu'à Maria Evguenievna et à longueur de journée j'écouterais de la *trance*."

Il semblait à Nikita que le "J'ai honte" de Rochtchine faisait de lui un intellectuel russe classique. De ceux qui allaient au peuple.

Evgueniï Rochtchine était ulcéré par le mot "intellectuel". Bien qu'il fût chargé de cours à la fac de lettres.

Quand ses étudiantes rencontraient leur bien-aimé Evgueniï Evguenievitch au Champ de Mars buvant de la bière en compagnie de militants de l'opposition hirsutes ou à un concert punk, Rochtchine était sincèrement désolé d'avoir détruit son "image de pédagogue". Mais l'enthousiasme et le ravissement des étudiantes ne connaissaient pas de bornes.

Les étudiantes traçaient rêveusement sur les pupitres la phrase-culte de Rochtchine : "*Ci'est la vie**, disait la mort." Et soupiraient avec langueur.

Quant aux rares étudiants en lettres de sexe masculin, ils y adjoignaient habituellement cette autre phrase-culte : "Pas d'argent, pas d'amour. C'est ça le truc, avec *ci'est la vie*." Et eux aussi soupiraient. Etouffant en eux le sain désir de sécher les cours et d'aller se saouler.

Les conférences d'Evgueniï Evguenievitch, personne ne les séchait. On y allait même quand on s'était cuité la veille et même en proie aux crises existentielles. Qui, selon la règle, avaient justement été provoquées par l'activité pédagogique de Rochtchine. Nikita eut l'occasion d'écouter à plusieurs reprises les discours incantatoires de Rochtchine. Et il vit de ses propres yeux cette jeunesse

* Expression familière en russe, écrite et prononcée en pseudo-français.

dorée, qui lisait *Ronde de nuit* et fredonnait l'air de la *Star Academy*, essuyer ses larmes en écoutant l'histoire du futur terroriste Ivan Kaliaev, qui vit Dieu debout dans un marais, de l'eau jusqu'à la ceinture. Les étudiants ne reconnaissaient naturellement pas dans ses cours les citations anonymes des classiques de la pensée antibourgeoise mondiale, mais ils buvaient bouche bée les prédications de Rochtchine.

"Plus haut que la tour de Tatline, il n'est que Dieu. Elle est le contraire de la tour de Babel. Sa projection inversée. Car Babel est désunion, incompréhension, dissensions, chacun pour soi, *it's your problem*, comme on dit. Alors que chez Tatline, au contraire, c'est la tour de l'Internationale, donc l'union des hommes au-dessus des barrières de langues et de races. Sa tour est aux antipodes de celle de Babel sur le plan sémantique. Sur le plan spatial, le contraire de la tour de Babel, c'est *La Fouille* de Platonov. Une tour qui croît vers le bas, qui s'enfonce dans la terre. Mais la réflexion tend dans le même sens qu'avec la tour de Babel : vers la solitude de l'homme, l'interruption de toute communication aussi bien entre les hommes qu'entre les hommes et l'univers. Entre l'homme et sa propre vie. C'est-à-dire la mort. *La Fouille* est une vaste tombe. Le symbole de la mise en terre. De la castration de la vie qui, privée de signification, se transforme en écorce vide, en ce vain bric-à-brac que Vochtchev rassemble dans sa besace..."

Rochtchine avait la réputation d'être un homme capable de tout expliquer. Après ses cours, certaines étudiantes particulièrement hardies allaient le trouver avec des questions hors programme universitaire.

— Mon ami et moi, nous ne nous comprenons pas du tout. Il me semble qu'il n'est avec moi que pour le sexe, et que mon univers intérieur ne l'intéresse pas, disait timidement Rita, étudiante de première année, outrageusement fardée comme pour monter sur le podium.

— Sentiment du manque de sincérité qui infiltre tout ce qui se passe, constatait Rochtchine en rajustant ses lunettes et il tâchait de ne pas regarder le slip qui dépassait avec impudence du jean de Rita à la taille excessivement basse.

La jeune fille acquiesçait avec bonheur.

— Typique de notre société de consommation, expliquait Rochtchine. Le capitalisme entraîne non seulement l'éloignement du travailleur du fruit de sa production, mais l'éloignement des gens les uns par rapport aux autres, ce qui est beaucoup plus terrible. Tout devient marchandise : y compris l'amour, l'amitié, le patriotisme, l'art, et la foi même ! Votre jeune ami est un consommateur type !

— Que faire alors ? demandait Rita impressionnée.

— Lisez donc Kafka, Camus, tout y est très bien décrit. Si cela ne suffit pas, je vous apporterai d'autres livres, ceux du sous-commandant Marcos par exemple. Et remontez votre jean, on voit votre petit linge. Or je pense que cela aliène votre vie privée tout autant que le capitalisme, disait Rochtchine par provocation, et Rita, confiante, prenait *La Peste* à la bibliothèque et achetait des jeans pudiques.

Ayant lu les dix premières pages du roman de Camus, Rita décidait de changer sa vie de façon catégorique, elle quittait le jeune consommateur. Et tombait éperdument amoureuse de Rochtchine.

Son amour non partagé fit que la pauvre Rita réussit encore à venir à bout de *La Métamorphose* et du *Procès* (relativement courts !), cependant, arrivée à Guy Debord elle craqua, se réconcilia avec son jeune ami et recommença à s'introduire dans des jeans exposant à l'examen de tout un chacun des accessoires à usage intime.

Il s'était trouvé un autre cas drolatique en liaison avec Camus dans la carrière pédagogique de Rochtchine. Un jeune homme pâle, étudiant de première année, cessa subitement de fréquenter l'université. Tout le monde pensait qu'il était malade. Jusqu'à ce que les parents apeurés du pâle Micha eussent téléphoné au secrétariat pour l'informer que, si leur précieux rejeton était malade, c'était de quelque maladie inconnue. Il restait étendu sur son divan toute la sainte journée à examiner le plafond, et refusait de prendre quelque part que ce soit à la vie. Les symptômes étaient des plus alarmants.

"Tout est absurde…", disait Micha d'une voix empreinte d'une sincère angoisse pubertaire. Et, si on insistait avec les questions, il répondait invariablement :

"Le livre là, par terre… lisez-le un peu, et vous comprendrez… si vous êtes seulement capables de comprendre quoi que ce soit…"

Près de la couche du malade, dans la poussière et les toiles d'araignée, parmi les cassettes de Nirvana et les chaussettes sales, gisait le responsable de cette mélancolie – un livre maculé par de multiples lectures, *L'Etranger* d'Albert Camus. Les parents avaient exigé que le professeur de littérature, "qui avait fourré cette saleté dans les mains de l'enfant", vienne et "prenne des mesures". Sinon, les parents juraient de porter plainte. Pour soi-disant détournement de mineurs. Intellectuel, précisaient-ils.

Rochtchine ne voulait pas avoir de problèmes avec la justice. Bien que l'emploi de séducteur intellectuel le flattât. Alors Rochtchine se rendit chez Micha pour délivrer le pâle adolescent des rets de l'existentialisme.

Micha, semblable à quelque fragile petite princesse trépassée, gisait, les mains croisées sur la poitrine, le front douloureusement plissé. Rochtchine s'installa au chevet du lit. Et tel Khom Brout il entama la lecture des exorcismes.

Il avait commencé par Limonov, car il estimait ses textes, furieusement puérils, capables de faire sortir de la plus profonde dépression.

"Je suis promis à une mort de héros, non à celle d'une victime fortuite ou d'un amant qui soi-même s'égare..."

L'existentialiste petite princesse s'agita, menaçante, et, fixant sur Khom un regard brûlant, prononça : "Je ne crois pas !"

Rochtchine se hâta d'abandonner Limonov sur le sol parmi les moutons de poussière, et passa à Henry Miller.

"Oh ! Tania, où est maintenant la tiédeur de ton con, tes larges jarretelles, tes cuisses rondes et douces ? Dans mon vit, un os long de six pouces..."

Rochtchine lisait le plus bas possible, afin que les paroles salvatrices de ce vieux débauché de Henry ne parvinssent pas jusqu'aux oreilles des parents vigilants. La petite princesse se figea, intéressée, et lança à Khom un regard tout à fait sensé.

"Je déferai à force de caresses tous les gros et petits plis entre tes jambes, ma Tania gonflée de sperme..."

Le blême Micha se redressa d'un mouvement brusque et, pour la première fois depuis deux semaines, il s'assit sur sa couche.

"Après moi, tu peux sans peine t'accoupler à des étalons, moutons, canards et saint Bernard. Tu peux glisser grenouilles, chauves-souris et lézards dans ton boyau culier..."

Rochtchine suait maintenant sang et eau. Les parents pouvaient surgir à tout instant. Et là, plus moyen d'éviter les accusations de pervertissement. Cependant, la petite princesse, visiblement ranimée, s'était levée du divan et, déglutissant dans un spasme, elle avait demandé :

— Et moi je peux lire ÇA ?

Le rétablissement du pâle étudiant de première année, guéri de sa lecture de Camus, fut un succès. Ayant dévoré dans la nuit *Tropique du Cancer*, Micha reparut à la fac dès le lendemain matin. Parcourant les alentours du regard propre au chasseur en quête de gibier, il se déplaçait le long du couloir d'un pas élastique. Etudiant avec l'intérêt d'un humain normal chacune des potentielles Tanias, dont une quantité plus que considérable allait et venait à travers la faculté de lettres.

Micha avait manifestement oublié le "Tout est absurde". Rochtchine l'observait par la porte ouverte de la salle des profs et gloussait tout haut à la grande frayeur de ses collègues en méthodologie au crâne dégarni à force de labeur ingrat.

13

Les étranges fréquentations qu'avait Iassia dans sa nouvelle vie inspiraient malgré lui à Nikita de tristes réflexions. Bien qu'il tentât courageusement de ne pas réfléchir. Une fois, l'apprentie modèle porno lui téléphona en pleine nuit et l'informa qu'elle n'avait plus vu un visage humain depuis des mois. Nikita héla une voiture. Et se rendit à l'adresse indiquée. Dans la voix joyeuse de Iassia il avait perçu du désespoir.

Ce fut un prêtre aux joues vermeilles qui ouvrit la porte à Nikita. Bizarrement, à la place de la croix se balançait sur sa poitrine une invitation pour le show du coiffeur Serge Zveriev. Dans le couloir, sur un amoncellement de chaussures dormaient quelques descendants prodigues de Gengis Khan. L'un des fils d'Orient portait des bas, du linge noir à dentelles et des traces de rouge à lèvres sur tout le corps. A la cuisine, la belle Iassia, exténuée, était assise devant une bouteille de whisky. Le batiouchka* servit Nikita, et partit chercher la matouchka, son épouse, en déclarant : "Ma matouchka est une ivrogne, elle va me maudire si je ne l'invite pas à se joindre à nous."

* Dans la religion orthodoxe russe, nom familier et affectueux donné au prêtre dont la femme est, elle, appelée matouchka, c'est-à-dire respectivement père et mère.

— Il n'y a que des pédérastes ici ! dit Iassia hargneuse, sans regarder Nikita, et elle but une gorgée à même la bouteille.

— Etoile de mon cœur ! Pourquoi tu bois sans moi ?! – La matouchka avait surgi, dandinant du fessier en professionnelle. Elle se révéla être un garçon noiraud avec un piercing sur la lèvre inférieure.

Le batiouchka l'escortait, le pas lourd.

— Oh ! Le bel animal ! piailla la matouchka qui ne cessait de se trémousser, le doigt pointé vers Nikita. Eh, frangine, présente-nous vite fait, je le veux celui-là !

— Dégage, fit Iassia avec un geste las.

Dépitée, la matouchka s'intéressa au whisky. Une grosse fillette barbue au regard huileux fit une entrée trépignante dans la cuisine, s'affala sur la poitrine du batiouchka et éclata en sanglots.

— Ne pleure pas, Apollon ! psalmodiait mollement le serviteur de Dieu tout en caressant le mèche-à-mèche bouclé de la pauvre malheureuse. Tu le sais bien, voyons, qu'il reviendra. Il va s'amuser un peu à gauche et à droite, et puis il reviendra. Combien de fois ça a déjà été comme ça. Bois un coup, plutôt !

— C'est un moins que rien, un rien de rien ! Je le déteste ! Je faisais tout pour lui ! Je lui ai fait cadeau de ma veste en cuir ! Je lui procurais ses cachets ! Et lui...

Apollon se plaignait d'une petite voix flûtée, la tête enfouie dans la soutane noire.

De derrière la bouteille, la matouchka faisait les yeux doux à Nikita, et s'enquérait auprès de Iassia :

— Qu'est-ce qui est mieux : une poudre compacte, ou un fond de teint normal ?

— Tu peux bien te tartiner la gueule avec n'importe quoi, tu ne vaudras toujours pas plus de dix roubles sur le trottoir ! lança la fillette à barbe d'une voix soudain étonnamment masculine.

— T'en vaux pas plus toi-même ! Va au diable et crèves-y ! énonça la matouchka d'une voix traînante, tout en minaudant et en dévorant Nikita d'un regard lascif.

— C'est pas des façons chrétiennes, non, pas chrétiennes, résonna la voix de basse du batiouchka.

Réveillés par l'odeur du whisky, les modèles asiatiques se glissaient l'un après l'autre dans la cuisine.

— Iassia ! Que fais-tu ici ? demanda Nikita.

Iassia le regarda, les yeux aussi éteints que ceux d'une poupée. Les Asiates affluaient toujours. Un garçon, yeux bridés, bas noirs, était tombé à genoux devant le prêtre :

— Mon père ! Donne-moi l'absolution, car j'ai péché ! Un péché terrible !

— Quelle est ta faute, mon fils ?

— J'aime toucher les gros nichons.

La matouchka éclata de rire. Les Asiates regardaient leur compère d'un air réprobateur. Le batiouchka bénissait le pécheur d'un geste ample.

— *Iassia !!! Que fais-tu ici ?!* lui cria Nikita carrément dans le creux de l'oreille.

Iassia eut un mouvement de recul et chancela. Les tantouzes effarouchées firent silence, seule la matouchka chuchota, admirative :

— Ah ! quel homme !

— *Iassia !!!! Que fais-tu ici ?!?!*

Les princes d'Orient, l'un après l'autre, entreprirent de quitter la cuisine sur la pointe des pieds.

— *Iassia !! Que fais-tu ici ?!*

La fillette à barbe leur emboîta le pas en toute hâte avec des oh ! et des ah ! hystériques.

— *Iassia ! Que fais-tu ici ?!*

Le batiouchka se leva, le souffle court, d'une main il prit la bouteille, de l'autre la matouchka et gagna la porte d'un pas mesuré. Elle, en se contorsionnant pour se dégager, envoya un baiser aérien à Nikita.

— *Iassia ! Que...*

— Tais-toi donc maintenant ! Ne me fais pas honte, déjà que tu les as tous effrayés et fait fuir de peur ! dit Iassia confuse et bizarrement trop amicale.

Elle essayait d'allumer une cigarette. Nikita la lui arracha.

— Regarde-moi dans les yeux ! Tu ne peux pas ?! Pourquoi tu fais ça ?! *Iassia !* Enfin, ce n'est pas toi ça, non ! Enfin, je me souviens bien...

— D'accord. Mais surtout ne va pas organiser une veillée souvenirs. Moi aussi je me souviens de tout. *Je ne veux me souvenir de rien !* C'est ma vie. Je l'ai choisie. Et elle me plaît ! Oui !

— Ne me mens pas, s'il te plaît, dit Nikita doucement.

Iassia se mit à pleurer. Les larmes étaient son arme essentielle. Elle en jouait en virtuose. Elle regardait simplement Nikita de ses grands yeux honnêtes, d'où coulaient de grosses larmes honnêtes, et gardait le silence. A toi de comprendre comme tu pourras. Elle alluma sa cigarette d'un air de martyre.

— Maintenant, tu ne pourras rien réparer. Tu m'as laissée partir. Tu as toujours su comment vivre. Moi jamais. Pourquoi, toi qui es si intelligent, m'as-tu laissée partir ? Et pourquoi maintenant tu viens, et tu hurles pour me demander "ce que je fais ici" ? Je vis ici ! Oui ! C'est ta faute ! Il fallait m'enchaîner et me garder près de toi !

— Iassia, voyons, tu sais parfaitement qu'il est impossible de te retenir.

— C'est que tu as mal essayé ! C'est que tu m'aimais mal !

— …

— …

— …

— Pardonne-moi, s'il te plaît.

— Toi, pardonne-moi. Rien n'est ta faute. Je t'aime.

— Je t'aime aussi.

— Tu ne m'as pas compris, "je t'aime".

— Parlons d'autre chose, va.

— D'accord.

14

De tous les amis radicaux de Rochtchine, le plus correct était Tioma. Il leur arrivait souvent de déambuler tous les deux, mains derrière le dos, à travers le jardin d'Eté, débattant de sujets élevés. Nikita, arrivé à Piter, était devenu auditeur libre de cette université péripatéticienne. Tioma et Rochtchine rebattaient les oreilles des déesses de marbre manchotes avec leurs discussions à propos de Baudrillard et Hakim Bey, de la guerre entre les Anglais et les Zoulous, et de la théorie d'une révolution conservatrice.

Tioma était un adepte de la philosophie d'Alexandre Douguine* et affirmait qu'il avait lu et compris tous les travaux du penseur barbu. Sceptique, Rochtchine était certain que les théories de Douguine, personne n'était capable de les comprendre, même pas lui, Douguine. Ce à quoi Tioma répliquait avec dédain :

"Rochtchine ! tu es un homme doté d'un seul cerveau. Ta moelle épinière."

* D'abord proche du mouvement ultranationaliste Pamyat', vieux-croyant, universitaire, cet idéologue fondateur du Parti national-bolchévique s'est rapproché très vite de néo-droitiers européens comme Alain de Benoist avant de découvrir l'eurasisme. Il soutient le pouvoir en place.

Cependant, surmontant son snobisme, Tioma essayait d'élucider pour les plus larges masses le sens conspirologique des révélations de Douguine. Pour ce faire, il tirait sur son imprimante la brochure *Hiérarchie* (en caractères ridiculement petits), et écrivait à Douguine, exigeant en vain qu'il prenne une part des dépenses à son compte. Douguine gardait un silence ésotérique, et *Hiérarchie*, que personne ne désirait non seulement acheter mais même acquérir gratis, se couvrait de poussière à l'entresol chez Tioma, jusqu'au jour où sa maman colmata les fenêtres avec. Alors Tioma, déçu par l'avare Douguine, avait entrepris de traduire Slavoj Zijek.

Une fois, par un soir d'automne, ils allaient ainsi tous trois à travers le jardin d'Eté, discutant à perte de vue de la récente arrestation de Limonov et de la nécessité de "réformes fondamentales à tous les niveaux du réel". Quand soudain Tioma, lui qui était le plus virulent au sujet de la terreur et de la dictature du prolétariat éclairé, avait dit comme en passant :

— Au fait, j'ai trouvé un travail.

— Où ça ? demanda distraitement Rochtchine, mécontent d'avoir été interrompu.

— Au FSB, répondit calmement Tioma.

Le sinistre acronyme resta en suspens dans les airs. Rochtchine s'était transformé en statue. Une rafale mystique s'abattit sur eux. Des feuilles se détachèrent bruyamment d'arbres invisibles, parsemant les épaules pétrifiées de Rochtchine. Le philosophe marginal fut pris d'un accès de toux. Tioma gardait un calme olympien.

— Artiom ! Reprends-toi ! Ce sont des bourreaux, tu le sais ! des ennemis du peuple ! Ils ont du sang sur les mains jusqu'au coude ! Et des chambres de torture dans les sous-sols ! se lamenta le papa de Tioma, Iakov Petrovitch Rutman, vieux dissident et tribun dans sa cuisine, quand il apprit où son fils était employé.

Iakov Petrovitch aimait boire sa vodka en compagnie de Tioma et de Rochtchine, chapitrer les "jeunes révoltés" pour leur "radicalisme adolescent", et puis leur raconter d'un air protecteur son combat contre le régime, en serrant tantôt l'un des "garçons", tantôt l'autre, contre sa poitrine abondamment poilue.

Iakov Petrovitch avait-il jamais pensé que la félonie germerait un jour au sein de sa propre famille ? Non ! Une telle chose ne lui était jamais venue à l'esprit même en rêve, même dans ses pires cauchemars.

— Que fais-tu, Artiom, signe-toi, chasse le démon ! Tu le sais, ce sont des agents de l'Inquisition ! des assassins ! des scélérats ! énumérait le vieux Rutman, en laissant tomber sa cendre sur le tissu éponge de son peignoir. Je t'ai élevé ! Je t'ai éduqué ! Et toi ?!

— C'est moi qui t'ai engendré, c'est aussi moi qui te tuerai ! glissait Rochtchine.

— Exactement ! acquiesçait Iakov Petrovitch emporté par son élan.

Mais aussitôt il se mordait la langue et jetait sur son fils un regard apeuré : c'était quand même un homme à "eux", pouvait-on se permettre de dire de telles choses devant lui ? N'estimerait-il pas qu'il s'agissait d'une atteinte à fonctionnaire dans l'exercice de ses fonctions ?

— A quoi ça ressemble, hein, maintenant ? Dans ma propre famille, chez moi dans ma cuisine, devoir "surveiller mes propos" !? Tu vois un peu comme ils ont réussi à s'infiltrer ! se lamentait Rutman à l'oreille de son épouse, paisible femme au foyer et admiratrice inconditionnelle de Blavatskaia*.

— Mais ne t'en fais donc pas comme ça, prends un cachet. Il ne s'attardera pas longtemps là-bas, disait sagement la femme qui comprenait vraiment la véritable nature de l'existence.

Au début, Tioma expliquait son travail dans les services de sécurité d'une façon standard : il faut détruire le système de l'intérieur, connaître le visage de son ennemi. Mais personne ne le croyait. Alors, le flegmatique intellectuel avoua que, s'il était allé travailler au FSB, c'était pour ne pas partir à l'armée et ne pas se retrouver en Tchétchénie (que Tioma n'appelait pas autrement que république indépendante d'Itchkérie). Rochtchine avait accepté cette version, mais Iakov Petrovitch, lui, n'en continuait pas moins à souffrir.

Le comportement de Tioma, après qu'il se fut retrouvé dans la police, avait nettement changé. Il n'avait plus le temps de se promener au jardin d'Eté à débattre de révolution. Et puis cela aurait eu désormais quelque chose d'ambigu.

Par contre, dès la deuxième semaine où il y travaillait, on avait pour la première fois "rapporté" Tioma à la maison, lui qui, lors de toutes les beuveries estudiantines, se bornait à une bouteille de bière et allait se coucher pour, le lendemain matin, se rendre tout gaillard à la bibliothèque. Ce furent ses collègues qui le rapportèrent.

* Elena Petrovna Blavatskaia (1831-1891), qui vécut surtout à l'étranger, reste une théosophe très en vogue.

Iakov Petrovitch, à la vue, dans son entrée d'ex-dissident, d'hommes en uniforme tenant le corps inanimé de son fils, avait perdu toute prudence et s'était mis à vociférer :

— Monstres ! Tchékistes ! Barbares ! Vous l'avez tué !

Mais Tioma n'était pas mort. Tioma était ivre mort. C'est ainsi qu'on avait coutume au FSB de fêter la promotion des camarades au grade d'officier. Il y avait beaucoup de monde au "bureau", alors cela était devenu régulier : on "rapportait" Tioma chez lui. Iakov Petrovitch expliquait le soudain alcoolisme de son fils à sa manière. Et, c'est péché de le dire, il s'en réjouissait en secret.

— Tu vois, Nioucha ! disait-il à sa femme, l'arrachant à sa lecture du tome dix de Blavatskaia. Il boit, ça veut dire qu'il se tourmente ! Ça veut dire qu'il n'a pas la conscience tranquille ! Ça veut dire que tout n'est pas encore perdu ! Donc, on peut encore espérer que sa main tremblera quand il s'apprêtera à nous fusiller tous les deux !

Travaillant au FSB, Tioma acquérait de nouvelles habitudes. Mais cela ne l'obligeait pas à répudier les anciennes. Par exemple, il continuait à traduire Zijek, gagnant beaucoup plus grâce à la philosophie antibourgeoise qu'en veillant à la sécurité fédérale. C'est pourquoi il ne se fatiguait pas beaucoup à y veiller, à ladite sécurité. Tous les secrets qu'il avait puisés dans le tréfonds "du service", il les communiquait généreusement à ses camarades de combat.

"Tioma, à combien aujourd'hui, le secret d'Etat ?" lui disait maintenant Rochtchine en guise de bonjour. Et il proposait de creuser un petit guichet dans le mur du terrible bâtiment, de dessiner une pancarte avec "*Tch. P.** Rutman" et d'afficher les prix.

Tioma avait en particulier découvert qu'au FSB il existait des "dossiers" sur tout le monde sans exception. Pour les citoyens ordinaires, respectueux de la loi, c'étaient de minces et insipides chemises : lieu de naissance, études à tel endroit, lieu de travail, époux de... Point barre.

Par contre, les "dossiers" de ceux qui suscitaient tout particulièrement l'intérêt de l'Etat grossissaient, eux, enflaient. Par exemple, dans le "dossier Rochtchine" étaient conservés quelques résumés et citations mot pour mot de ses conférences portant sur l'œuvre de Boris Savinkov et sur *Les Démons*. En dépit des assertions de Tioma comme quoi les classeurs dormaient ensevelis sous la poussière des archives (au fait, dans ces fameux sous-sols où le vieux Rutman estimait que se trouvaient des chambres de torture) et que personne n'en avait cure, le fait avait extrêmement déplu à Rochtchine. Quelqu'un parmi ses étudiants était un mouchard. Et ça, c'était désagréable.

Plus fidèle au devoir envers un camarade qu'à son serment de policier, Tioma subtilisa le dossier de Rochtchine dans les archives. Et il le lui offrit en grande pompe le jour anniversaire de la révolution russe. Il avait en outre appris le nom de l'indic. C'était Margarita Roukossouieva**. Eh oui, la Rita au coquin petit slip. Voici à quoi un amour déçu peut pousser une femme !

* *Tch. P.*, qui dans la conversation courante signifie "événement extraordinaire", pourrait se traduire par "occasion à saisir".

** L'auteur reprend ici un procédé courant dans la littérature russe – le recours à des patronymes significatifs. Ici Roukossouieva signifie "qui fourre la main", plus loin Vostrooukhine "oreille avertie".

Et puis, au cours de ses pérégrinations à travers les archives, Tioma tomba aussi sur le dossier de Mikhaïl Vostrooukhine, ce blême Micha que Rochtchine avait guéri avec du Miller. Dans le classeur se trouvaient de nombreuses photos de Micha sous des drapeaux rouges, où faucille et marteau s'entrecroisaient en forme de croix gammée. Apparemment, Micha, après avoir fait le bonheur d'une quantité considérable de "Tanias", avait fini par trouver chez lui le livre de Limonov que Rochtchine avait laissé tomber par terre, l'avait lu et, cette fois-là, "il avait cru".

La carrière de l'homme en uniforme prit fin, comme l'avait prédit sa génitrice, assez rapidement. Un jour, Tioma était au travail et lisait sur Internet le énième article de Zijek qu'il avait à traduire. Et là, dans son dos, avaient retenti les pas du Commandeur, et le chef de Tioma avait prononcé la phrase fatidique :

— Demain vous partez en mission. En Tchétchénie.

Tioma s'était levé, avait quitté sa table de travail et, doucement mais courageusement, tel un décabriste* à l'interrogatoire, il avait répondu :

— Non, je n'irai pas en Itchkérie !

— Dans ce cas, rédigez votre rapport ! avait aboyé le bourreau, le barbare, le monstre, sans même prêter attention à la dénomination prohibée de la république insurgée.

Et Tioma avait rédigé son rapport. Et puis il fit ce qu'il rêvait (selon ses dires) de faire depuis le

* Les décabristes ou décembristes : officiers qui firent une tentative de coup d'Etat en 1825 contre Nicolas Ier qui les réprima durement. Pouchkine fut toute sa vie inquiété en raison de ses sympathies pour ce mouvement inspiré par la Révolution française.

premier jour où il avait pris son service. En rendant son rapport, il s'était incliné et avait poliment dit à l'oreille de son désormais ex-chef : "Va te faire f... !"

Après quoi il avait tourné les talons et, lentement, avec dignité, il avait quitté le cabinet du chef. Pour dire vrai, une fois la porte franchie, les nerfs du "jeune rebelle" avaient craqué et il s'était sauvé à toutes jambes, oubliant même de prendre avec lui les disquettes des textes traduits de Zijek. Ce qu'il regretta fort par la suite car il dut tout traduire à nouveau.

— Je te le disais bien, Nioucha ! J'ai toujours su que j'avais formé un héros. Mon sang ! Mon école ! Ma race ! s'exclamait Iakov Petrovitch, en buvant dans sa cuisine à "l'exploit de l'éclaireur" avec la sensation, pour la première fois depuis longtemps, d'êtrc un serf pleinement et démocratiquement libéré de ses chaînes.

Puis Tioma, qui, comme auparavant, ne voulait pas faire la guerre pour le "maintien de l'intégrité de la Fédération de Russie", entreprit de préparer une thèse et, s'étant assuré un avenir pacifique pour les quelques années à venir, il se consacra à l'étude des partis radicaux contemporains. Dans l'index de ses sources, l'étudiant Rutman faisait fièrement mention des archives secrètes du FSB.

15

Quand ils avaient tous deux dix-neuf ans, Iassia, qui écrivait de barbares poèmes en vers libres à propos des *boieviki* tchétchènes et des SR de gauche, fut invitée à Moscou à une lecture de poésie radicale.

Dans le train, elle découvrit qu'elle avait égaré tous ses textes. Or, elle ne se souvenait par cœur que des vers d'autrui. Après avoir réfléchi un peu, Iassia secoua avec insouciance sa frange rouge-noir-blanc et s'écria :

— Oh ! j'ai une idée ! Une petite poésie lyrique ! Ça va tous les rendre fous !!

Il était résulté de cette lecture quelque chose d'exceptionnellement radical. Aux abords de l'entrée du local à moitié en sous-sol, on pouvait observer des individus qui n'avaient besoin ni de réciter, ni d'écouter réciter de la poésie. Ils se passaient radicalement bien de tout. Le poète Andrieï Rodionov dormait majestueusement à même l'asphalte. Assis à côté de lui, le triste punk Plaksa plongeait un regard amer dans le goulot d'une bouteille. La bouteille était vide. L'écrivain Rachmaninov, dents en or et gueule de bandit, essayait d'extorquer aux passants de la petite monnaie pour sa grande casquette. Quelques autres littérateurs encore discutaient avec animation de la quantité de-quoi-et-où-ils-avaient-bu-la-veille-et-d'avec-qui-ils-s'étaient-bagarrés-ensuite.

A l'intérieur, le public était déjà plus convenable. Sous un grand portrait de Saddam Hussein et une petite photographie de Maïakovski on trouvait des jeunes gens diversement chevelus et barbus, ainsi que des jeunes personnes équivoques à piercing. Au micro se tenait un grand garçon voûté d'allure pubère qui déclamait effrontément :

— Chers frères ! Je veux bai-ai-ser !

Les spectateurs éclatèrent en applaudissements approbateurs.

Le poète saluait et poursuivait :

— Je t'aime…

Le jeune homme observa une pause digne du Théâtre d'Art de Stanislavski. Le public attendait en retenant son souffle.

— … à baiser ! expira le récitant, pour la plus grande joie de toute l'assistance.

Après entra en scène, d'une démarche de somnambule, Choura, la poétesse chauve. Elle ne comprenait manifestement pas où elle se trouvait, et jetait alentour des regards traqués. Elle piétina là près d'une minute. La salle attendait, muette. Enfin, la poétesse avisa le micro, et son visage recouvra une expression vaguement sensée. D'un geste digne d'une star du rock, elle en saisit brutalement le pied, ouvrit la bouche, resta un instant figée, et soudain prononça :

— J'ai des problèmes…

Là-dessus, elle se tut de nouveau, vaincue.

— Des amphétamines, une bouteille de vodka, de l'herbe, cinquante champignons et deux plaquettes de torène.

C'était l'ex-mari de Choura, qui informait Nikita assis à côté de lui.

— J'ai des problèmes…, tenta de reprendre Choura, et elle plongea désespérément son regard dans la foule.

Un célèbre littérateur gay glissa à la chauve poétesse une brochure ouverte sur le poème des problèmes. Choura tourna et retourna le livre dans ses mains, se recroquevilla pitoyablement et entreprit de fourrer ses mains dans ses poches. Mais elle ne les trouva pas. Le livre tomba par terre. Il fut soudain clair pour tout le monde que Choura ne se rendrait pas vivante.

— *J'ai des problèmes !!!* cria-t-elle, en appliquant ses mains sur sa bouche comme dans le tableau de Munch.

Iassia n'en pouvait plus, elle se hissa sur la scène, tira le livre de sous la chaussure de Choura, et commença à lui dicter en chuchotant rageusement :

— J'ai des problèmes d'articulation…

— J'ai des problèmes d'articulation, reprit Choura en écho d'une voix pâteuse en se laissant planer.

— Je ne parlerai pas je ne peux pas je ne le ferai pas il ne faut pas, sifflait Iassia.

— Je ne parlerai pas je ne peux pas je ne le ferai pas il ne faut pas, répétait la chauve Choura, gagnée par l'espoir que ce cauchemar aurait quand même une fin.

Et c'est ainsi qu'elles arrivèrent au bout du texte.

— Et maintenant, Choura, tu fermes la bouche et tu regagnes ta place, ordonna Iassia après avoir bruyamment refermé le livre.

— Et maintenant Choura tu fermes la bouche et tu reprends ta place, dit Choura de la voix abattue d'un robot.

Iassia furieuse tira Choura par une jambe de son pantalon. Choura s'écroula dans les bras de son ex-mari et plongea dans l'inconscience.

Quelques années plus tard, Nikita était tombé par hasard sur le nouveau recueil de la poétesse chauve. Le poème tristement célèbre sur les problèmes s'y terminait par la phrase : *Et maintenant Choura tu fermes la bouche et tu reprends ta place.* Ainsi Iassia, que personne n'avait jamais publiée où que ce fût, était entrée dans l'histoire de la littérature russe.

Au micro se tenait de nouveau une créature au crâne dénudé. Cette fois, la créature était de sexe masculin. Et, à la différence de Choura à bout de forces, il avait une attitude brutalement énergique. Les jambes écartées de la largeur de ses épaules et le ventre en avant, arborant l'aigle fasciste sur la massive boucle de la ceinture qui lui compressait le ventre en deux parties égales, le poète radical proclamait :

— La Russie est une putain ! La Russie est une salope ! La Russie est une gourde ! La Russie est Minerve !

Les deux ventres du radical tressautaient dans des directions opposées : quand la partie au-dessus de la ceinture partait vers la droite, celle du dessous s'en allait sur la gauche. Les lunettes à verres épais qui couronnaient sa physionomie grimaçante s'étaient retrouvées de guingois, déviées par son pathos citoyen :

— Aïe ! Ils s'useront les purs
Communistes
Les Convaincus

Ne crains rien toi qui n'es pas un moujik
Sus aux barricades
Je suis un syphilitique lunaire
Au regard trouble et sain.

Iassia, assise par terre, s'était bouché les oreilles, elle bâillait insolemment. Le radical louchait furieusement sur la gamine irrespectueuse, gonflait les narines et crachait une salive empoisonnée, telle une énorme idole vénéneuse :

— Par ses rayons l'aigle paysan
De sève stalinienne arrose l'ancêtre sur l'herbe…

Là, Choura la chauve revint de ses errances psychédéliques, agita faiblement une main en direction de l'idole géante et prononça avec une netteté inattendue :

— Qu'on le sorte, l'ancêtre.

Iassia frappa dans ses mains. L'idole s'étrangla avec le reste de son texte et le rouge lui monta aux joues.

— Je vois qu'ici se sont donné rendez-vous des gens incapables d'apprécier à sa juste valeur…

— Le grand art ! lui souffla Iassia.

L'écrivain Rachmaninov, aux dents en or, qui buvait tranquillement au dernier rang, éclata d'un rire frénétique.

— Oui, le grand art ! gronda le radical, et il sembla à Nikita que la massive idole allait maintenant se jeter sur sa compagne et l'avaler.

— Mais malgré les attaques des petits-bourgeois obtus… – Rachmaninov, l'écrivain, était tombé et il continuait à rire même par terre – … je crois que dans cette salle se cachent aussi des gens qui pensent comme moi – tous se dévisagèrent mutuellement avec méfiance –, je vous appelle, hommes de bonne volonté et citoyens à la conscience inquiète… – Rachmaninov geignait doucement, ses dents plantées dans le pied d'une chaise – … à entrer dans notre sainte confrérie des Opritchniki* !

L'idole se tut, lança en avant sa paume grassouillette et donna à son visage une expression d'extase sacrée.

A cet instant, la porte s'ouvrit à la volée. Le public, amené par le saint Opritchnik à un état de catharsis profonde, se retourna, s'attendant à voir pour le moins apparaître sur le seuil Hitler ressuscité.

Mais sur le seuil se tenait un yéti en tunique, qui se balançait sur un rythme monotone. La tunique était trop petite pour l'abominable homme des neiges : les manches lui descendaient à peine plus bas que le coude. Des poils lui poussaient partout. Dans sa main, il serrait un verre de vodka plein à ras bord. La vodka débordait sur le sol de façon sacrilège.

— Le spectre du radicalisme russe ! souffla Iassia avec transport.

Le fantôme parcourut l'honorable assemblée d'un regard trouble, effectua un virage abrupt, fit tomber un portemanteau et s'en fut. L'écrivain Rachmaninov s'était dirigé à sa suite à quatre pattes.

Et puis on avait découvert sur la scène l'improbable et volumineuse silhouette d'une antique poétesse portant un petit foulard de gaze. Par qui et pourquoi cette chose fantastique avait été invitée

* Police spéciale d'Ivan le Terrible, dont les membres montés sur des chevaux rapides, habillés tout de noir et armés de fléaux, faisaient régner la terreur.

à un festival “radical”, c’était incompréhensible. La princesse au foulard leva au ciel des yeux blancs, et entama une mélodie languissante :

— J’ai peur des chiens, j’ai peur des chats, j’ai peur des souris, j’ai peur des cafards…

Au dernier rang éclatait en douceur une crise de nerfs. Plaksa le punk, défait, s’étrangla en sanglotant, la tête enfouie dans les genoux.

— J’ai peur de respirer, j’ai peur de parler, j’ai peur de dormir, j’ai peur de penser…

— Ça, ça se voit ! commenta Rachmaninov, debout sur le seuil avec à la main le verre de vodka qu’il avait confisqué au fantôme.

— J’ai peur de mon reflet dans la glace…

Là, même Choura, l’extraterrestre, avait éclaté de rire.

— J’ai peur de me faire violer…

— Pas de souci, t’as rien à craindre ! s’écrièrent en chœur Rachmaninov et Iassia.

— J’ai peur de me faire violer par Lénine et Staline ! résuma la poétesse d’un ton pénétré, s’apprêtant à poursuivre.

Iassia s’était précipitée dehors.

— Tu te souviens, dans *Les Démons* à un moment, il y a un ramassis de répugnants démons mesquins révolutionnaires ? Et l’un d’entre eux est installé à se couper les ongles ? Il a le crâne couvert de graisse et la table est entièrement couverte de rognures d’ongles, et lui, il dégoise quelque chose sur le bien du peuple ? – Iassia avait une perception grotesque du monde, et tout ce qu’elle lisait, voyait ou entendait se transformait dans sa conscience et devenait méconnaissable. – Eh bien, tu vois, ces monstres-là étaient beaucoup plus plaisants que ceux d’aujourd’hui ! Eux, ils vous donnaient seulement la nausée ! Alors que ceux-ci vous donnent carrément envie de *dégueuler* ! *Dégueuler ! Dégueuler ! Dégueuler ! Et encore dégueuler !*

Iassia était dans une colère noire. Nikita commença à craindre un scandale :

— Allons-nous-en d'ici !

— Ça alors, ah non ! Je vais leur lire ma *petite poésie lyrique* !

Iassia serra les poings et foudroya du regard le poète Rodionov qui n'y était pour rien et qui, comme devant, dormait majestueusement sur le trottoir. Les rigoles d'eau trouble convergeaient vers le corps largement étalé du poète. Quelqu'un avait eu la gentille attention de couvrir son visage avec le journal *Limonka*, et la pluie s'acharnait à cogner dessus.

Iassia fut la dernière appelée à se produire. Nikita se prépara au pire.

— Vous pensez qu'il suffit d'introduire le fantastique mot d'"enculé" dans votre médiocre diarrhée verbale pour que le texte devienne aussitôt un chef-d'œuvre de l'art d'avant-garde ? Qu'est-ce que vous avez à me regarder bouche bée ? Ce ne sont pas des vers. Je parle avec vous, les radicaux, les Anciens, pourrait-on dire, commença Iassia, en aspirant profondément une bouffée de sa cigarette.

— Ici, on ne fume pas, chuchota le littérateur gay émérite et apeuré, mais cela resta sans effet.

Iassia avait instantanément attiré sur elle l'attention du public. Dans la salle régnait un silence de mort.

— Bref, *dehors les ancêtres* ! Il ne vaut même pas la peine d'en parler ! Maintenant, je vais dire quelques mots à ceux qui essaient effectivement d'écrire des vers. Le monde a changé mille fois déjà ! Mais vous continuez à jouer du gousli et à chanter, en imitant Homère ! Votre langage était adapté au monde environnant il y a encore deux cents ans ! Nous sommes au XXIe siècle maintenant ! Chaque époque exige ses mots ! Il faut parler au monde la langue qu'il comprend ! Notre admirable époque ne comprend que le langage de la cruauté et de la violence ! La langue de l'action directe et destructrice ! De l'action, non du verbe ! Vous m'entendez, littérateurs d'aujourd'hui ? On n'a plus besoin des mots ! L'œuvre de *l'Art nouveau* la plus géniale s'est révélée au monde le 11 septembre 2001 ! Qui se risquera à recommencer ?!

Iassia reprit son souffle. Tout le monde restait muet.

— Bon ça va, de quoi avez-vous eu peur ? Pour conclure, je vais quand même vous réciter une petite poésie lyrique.

Le public se remit à s'agiter, soulagé. Le poète Rachmaninov avala sa vodka d'un trait.

— Le punk Tcherep*, une connaissance à moi, s'amuse à fabriquer des explosifs artisanaux. Il n'y réussit pas mal. Récemment, il m'a offert une petite bombe. Elle est là-bas, vous voyez, dans mon sac jaune.

Le très vieux poète gay s'écarta d'un bond du sac de Iassia, avec la célérité d'une jeune panthère. Iassia regarda sa montre.

— Ceux qui ne désirent pas faire connaissance avec l'Art nouveau ont trente secondes pour quitter la salle. Le compte à rebours est commenc…

Et là se produisit une chose qu'elle n'avait pas prévue.

— Je savais qu'ils étaient un peu tarés, mais à ce point…, se justifiait par la suite la responsable du scandale.

* "Crâne" en russe.

Dans la salle, ce fut aussitôt la panique. Tous d'un coup avaient bondi de leurs sièges. On avait instantanément commencé à s'écraser à la sortie. La craintive poétesse, une main pressée sur son cœur, glissait lentement de sa chaise. L'ex-mari de la virtuelle Choura s'agitait en tous sens devant la scène, implorant Iassia :

— Je t'en supplie ! Je suis trop jeune encore ! Je n'ai pas eu le temps de me couvrir de gloire ! Arrête !

Plusieurs punks du dernier rang, grimpés sur les épaules les uns des autres, tentaient d'atteindre la fenêtre située au ras du plafond. Près d'eux, le poète Rachmaninov fredonnait cyniquement *No Future*. Lui seul avait gardé son calme. Le membre ventru de la sainte confrérie des Opritchniki s'était, quant à lui, jeté sur Iassia et essayait de lui tordre les bras dans le dos. Il voulait apparemment livrer la terroriste aux autorités. Ce pourquoi il se retrouva sans délai sous les coups de Nikita, et de Rachmaninov accouru à temps à la rescousse.

Ce fut le vénérable critique littéraire Kourotchkine qui mit fin à l'hystérie générale. S'approchant de Iassia qui ne savait plus où elle en était et se tenait figée sur la scène, il lui serra la main et déclara d'une voix forte :

— Félicitations ! Votre intervention a été la seule de toute la soirée à être véritablement radicale et avant-gardiste ! Elle a *littéralement* produit l'effet d'une bombe !

Les poètes avaient prêté l'oreille à l'opinion du critique et ils cessèrent de chercher leur salut dans la fuite. Il est vrai cependant qu'après ce scandale l'anathème avait été jeté sur Iassia : elle ne fut plus jamais invitée nulle part.

La carrière de l'artiste-terroriste s'était achevée, à peine commencée.

Après la lecture, quelques spécimens du bestiaire radical se transportèrent avec Iassia jusqu'aux étangs du Patriarche* boire du porto. Nikita, assis sur un banc, perdait périodiquement connaissance. Les poings du saint Opritchnik avaient accompli leur œuvre. La légère commotion cérébrale et une gorgée de Trois-Haches avaient plongé Nikita dans un état proche du nirvana.

C'est pourquoi, le matin, il ne put se rappeler que trois épisodes.

Premier épisode. Rachmaninov dit à Iassia :

— Tu es encore jeune et écervelée. Tu verras, il suffira que tu accouches pour que tu te ranges. Toute la révolution te sortira de la tête.

Iassia vient de s'emplir la bouche de porto et déteste l'expression "se ranger" – elle crache. Rachmaninov s'essuie avec sa manche. Des spectateurs non identifiés applaudissent.

Deuxième épisode. Quelqu'un mène un cheval blanc par la bride et passe devant eux. Rachmaninov, grimaçant son sourire de brigand, écarte brusquement de l'animal la jeune pensionnaire de l'école d'équitation terrorisée. Il fourre son verre dans la main de la fillette et aide Iassia à se mettre en selle. Dans l'obscurité, Iassia galope, somptueuse, autour des étangs sur le cheval blanc. La jeune propriétaire du cheval devient instantanément ivre et s'endort à côté de Nikita.

Troisième épisode. Les solides épaules de l'écrivain Rachmaninov, l'asphalte incontrôlable qui

* Lieu mythique de Moscou depuis *Maître et Marguerite* de Boulgakov.

change sans cesse de position, et l'ardent chuchotement de Iassia à son oreille :

— En route ! Vingt-deux, voilà les flics ! Lève-toi et marche, tout seul !

Il semble qu'elle l'ait trompé avec Rachmaninov aussi.

16

Une fois, dans la rue, non loin du métro Kitaï-gorod, quelqu'un prit tendrement Nikita par le coude.

— Etoile de mon cœur ! Je savais bien que nous nous rencontrerions un jour ou l'autre toi et moi ! débitait la matouchka en se trémoussant toute, son corps pressé contre Nikita. Oh, mais tu as le regard d'un hétéro invétéré ! Vrai de vrai, aucun espoir pour moi ? Bon, tant pis, allons boire un café alors, que je te raconte une histoire épouvantable !

Nikita avait pensé que Iassia y était peut-être mêlée d'une façon ou d'une autre, et il laissa la matouchka l'entraîner au café. Mais l'histoire, naturellement, concernait la seule matouchka qui, comme Nikita l'apprit par la suite, s'appelait Gricha*.

— Mais voyons, n'aie pas peur, je ne vais pas te manger ! Je veux juste parler un peu ! Je suis une faible femme, et terriblement effrayée ! Et toi, l'homme fort, tu dois m'apaiser et me donner un conseil !

Gricha s'agitait en tous sens sur sa chaise et, par habitude, lançait des œillades à gauche et à droite.

Ce feu d'artifice ne gênait d'ailleurs en rien son récit. Il est vrai que comme Gricha était de nature

* Diminutif de Grigorii.

à se laisser entraîner, le temps qu'il en arrive à l'histoire elle-même, Nikita avait, bien contre son gré, appris mille et un détails de la vie intime de la matouchka.

— Ce matin, avant que tout cela n'arrive, je suis allée à l'église, j'ai là-bas un amoureux qui sert comme *altarnik**. Alors, n'est-ce pas, on s'est un peu aimés...

— Carrément dans l'église ?

— Dans un petit bâtiment attenant, fit Gricha, baissant modestement la tête. Mais surtout ne va pas le raconter, mon batiouchka est fort jaloux des hommes d'Eglise, un jour il m'a presque égorgée quand il nous a pris sur le fait avec un enfant de chœur. Avec un quelconque civil, ça passe, il fait comme s'il n'avait rien vu, il dit que ce n'est pas une trahison, mais juste un petit égarement des sens, et il absout mon péché aussitôt...

Nikita tenta de fuir, mais la matouchka s'accrocha à lui d'une poigne de fer et le fit se rasseoir.

— Allons, ne te fâche pas mon lapin, je vais te raconter maintenant le plus important. Il y a un petit "site", tu vois, où "nous"... – la matouchka fit rouler ses yeux ultramaquillés d'une façon qui en disait long –... où "nous" laissons nos annonces quand nous voulons faire connaissance avec quelqu'un. Récemment, j'ai écrit dedans, j'ai fait ma pub en long et en large et j'ai laissé mon précieux numéro de téléphone, n'est-ce pas. Et voilà qu'hier, on m'appelle, une agréable voix d'homme. Il me dit : J'ai lu votre annonce, je veux vous

* En russe *altarnik* doit se traduire par "acolyte", qui est un clerc dont l'office est de servir le prêtre, le diacre, etc. lors des célébrations liturgiques. Nous avons conservé "enfant de chœur" pour faciliter la lecture quand bien même il s'agit d'adulte (voir Jules Romains).

rencontrer, je vous attendrai à tel et tel endroit dans une Lada jaune. Moi, j'ai accepté bien sûr. Je me fais belle, et j'y vais. Là, je regarde, je vois la Lada jaune garée, dedans ils étaient deux. Bon, je pense, plus on est de fous, plus on rit, et je monte. Et alors, clic, ils avaient pressé un bouton et verrouillé toutes les portes. Or les gars, c'étaient des vrais malabars tout en muscles, et la mine qu'ils faisaient n'avait rien de caressant. J'ai pris peur, je leur ai dit : "Vous allez me violer ?" Et voilà qu'ils me répondent bien poliment : "Grigorii Alexandrovitch (j'étais sciée, personne ne m'appelle jamais comme ça, hein !), nous avons effectivement une proposition à vous faire, mais elle n'est pas du tout d'ordre sexuel." Et ils me fourrent je ne sais quels papiers sous le nez. Quand j'ai lu, j'en ai eu les yeux qui me sortaient de la tête d'horreur. Il y avait écrit "FSB" !

Nikita, qui n'écoutait jusque-là qu'à moitié, se fit attentif. La matouchka jeta un regard alentour, se pencha par-dessus le guéridon et se mit à chuchoter avec flamme :

— Et c'est parti ! Une drôle de putain de danse qu'ils m'ont fait danser ! Ils me disent : "Grigorii Alexandrovitch, nous savons que vous avez de vastes relations, des connaissances dans toutes les couches sociales, des gens de toutes sortes passent à travers vous...", oui, oui, c'est comme ça qu'ils ont dit, "passent à travers moi" ! Gueules d'enfoirés éhontés ! Alors voilà, qu'ils me disent, les vaches, nous voulons que vous nous informiez sur tous les députés, membres du gouvernement, hommes d'affaires, stars du showbiz aussi, si jamais il s'en rencontrait sur votre chemin... mais de quoi dites, je demande, je vous informerais, moi je suis une fille étourdie, c'est déjà bien quand j'ai le temps de m'informer de leur nom, en général je ne connais même pas leur prénom, alors des secrets d'Etat ! Ils rigolent et répliquent : "Les secrets d'Etat, nous les connaissons sans vous, nous avons besoin de vous pour une information toute simple, pour savoir qui, parmi les gens connus..." Là, ils ont hésité, ils cherchaient visiblement un mot correct, hein, pour ne pas les traiter de pédales, et puis ils ont accouché d'un "appartient aux minorités sexuelles" !

— Et alors, tu t'es déclaré partant... euh, partante ?

Nikita s'était embrouillé dans les terminaisons masculine et féminine, et le rouge lui était monté aux joues.

La matouchka lui fit une petite caresse sur la main et eut un sourire comme quoi elle appréciait.

— J'ai joué les idiotes. Je ne connais personne, je leur dis, je suis une fille de rien, je fais le tapin et quel député va aller se fournir sur le trottoir, je vous le demande !... Mais eux, ils s'accrochent. Ils m'ont torturée comme ça une demi-heure durant. Je me traînais maintenant dans la boue, je m'inondais d'ordures de la tête aux pieds, qu'ils n'en démordaient toujours pas : "Nous avons, disent-ils, de tout autres données sur toi..." Je leur ai conseillé de s'adresser à Apollon. Qu'ils asticotent donc un peu cette hystérique, les deux malabars fédéraux, je verrais si, après, elle s'arrange pour faire grimacer sa grosse tronche d'un sourire de reine d'Angleterre ! C'est seulement comme ça que je m'en suis débarrassée ! Fini, je ne laisserai plus mon précieux numéro dans une annonce !

— Tu penses que c'est vraiment dans l'annonce qu'ils ont trouvé ton téléphone ? demanda Nikita à la naïve matouchka.

Gricha s'était étranglé et le fixait d'un regard épouvanté. Nikita comprit qu'au lieu de la réconforter, il avait définitivement terrorisé "la faible femme" et il tenta de réparer la chose en plaisantant :

— Peut-être que tu le leur as laissé un jour toi-même, c'est vrai, tu ne te rappelles même pas les noms, et ils savent bien dissimuler, avec un métier pareil…

— Non ! – La matouchka pleurait presque. – Jamais je n'oublierai ces gueules infectes ! C'est sûr que je les voyais pour la première fois de ma vie !

Et puis Gricha s'était repris en main et avait déclaré d'un ton ferme :

— Fini ! Le bal est terminé ! Et, tant que la citrouille ne s'est pas changée en panier à salade, Cendrillon se tire en perdant ses pantoufles ! Je vais me faire faire un passeport pour l'étranger, j'ai un ancien amour en Norvège, il travaille comme portier de nuit dans un hôtel. On pourrait partir ensemble, toi et moi ? On obtiendrait l'asile politique en tant que représentants des minorités sexuelles ? Hein ? Qu'en dis-tu ?

Nikita avait poliment refusé.

17

La catastrophe eut lieu, comme toujours, à l'improviste. C'étaient trois jours ordinaires, merveilleux et drôles, avec Iassia. Durant lesquels (chose rare) elle avait arrêté son portable et ne se sentait appelée nulle part ailleurs.

Chaque soir, ils partaient se promener. Ils fumaient de l'herbe dans le parc, sous les yeux de placides mamans promenant leurs landaus, et de patineurs déterminés labourant consciencieusement l'étang gelé, comme s'ils y avaient perdu quelque chose d'essentiel.

Un réverbère, de sa lumière blanche, arrachait à la tempête de neige hivernale une Iassia suprêmement joyeuse, au béret de travers, qui disait à Nikita :

— Ne me tousse pas dans mon écharpe, sinon je tombe !

Le réverbère suivant montrait dans une lumière jaune une Iassia chasseresse courant après un corbeau paresseux en criant :

— Camarade oiseau ! Pourquoi vous ne pouvez pas voler vers le Sud ?

Le corbeau faisait deux pas de côté et gardait un silence guindé, on aurait dit un "très honorable Sir à la Chambre des lords". Alors Iassia répondait toute contente à sa place :

— Parce qu'il m'est poussé de trop longues couilles !

Le troisième réverbère était en panne. La silhouette de Iassia racontait mystérieusement :

— Il était un monastère sur une montagne. Dans le monastère vivaient des *mtsyri**. L'un d'eux prit la fuite... Regarde là-bas, voilà le *mtsyri* échappé qui approche, approche !

De l'obscurité venait vers eux une silhouette noire, une capuche d'inquisiteur sur la tête.

— Pourriez-vous m'indiquer où se trouve l'hôtel des Mines ici ? demandait le fugitif.

Et Iassia de s'esclaffer :

— Oh le *mtsyri* ! Tu trouves qu'on ressemble à des mineurs ?!

L'homme à la capuche reculait effrayé, cependant que Iassia poursuivait :

— Ça, ce n'est rien encore. Un jour, Svieta l'hippopotame et Vova-chaussettes-sales, celui qui était une classe au-dessous de la nôtre (tu te souviens ?), debout dans la rue après une sacrée cuite, se demandaient où ils pourraient aller s'en remettre. Des Russes normaux, quoi. Et voilà qu'une bonne femme s'avance vers eux et leur demande poliment : "Excusez, mais vous êtes chinois ?"

Plus tard, ils avaient marché dans un de ces couloirs du métro qui évoquent un vaisseau spatial, et Iassia ravie criait à Nikita :

— Attrape les Lilliputiens ! Le métro, c'est comme *Solaris*** !

Dans ce même couloir, Nikita s'était évanoui, et Iassia, assise à côté de lui sur le sol carrelé,

* *Mtsyri* signifie "novice" en géorgien. Le poème éponyme de Lermontov raconte l'histoire d'un novice qui s'enfuit de son monastère et va vivre trois jours de liberté exaltante jusqu'à son combat, le troisième jour, avec une panthère qu'il terrasse avant de mourir de ses blessures.

** Roman de Stanislas Lem adapté à l'écran par Andreï Tarkovski.

tenait sa tête sur ses genoux. Quelqu'un avait machinalement jeté dans la casquette de Nikita, tombée près d'eux, un billet froissé de dix roubles. Qui les avait fait longuement rire après.

La nuit, assis à la cuisine chez Nikita, ils n'avaient pas arrêté de se raconter des films à qui mieux mieux. Et puis Iassia partit et il était arrivé à Nikita une chose impossible. Qu'il avait envie de crier au monde entier. Et dont il n'avait personne à qui parler.

18

— Ce n'est pas possible pas possible pas possible, disait Nikita à son reflet dans la vitre obscure.

— Mais cela s'est produit, répondait le reflet.

— C'est le plus terrible qui pouvait m'arriver, disait Nikita.

— Et cela est arrivé, constatait son reflet.

Sa "nouvelle" vie, si soigneusement recollée, avait brusquement volé en éclats. Il n'avait pas de pensées. Mais ce même sentiment de vide cosmique qui faisait hurler tout son être et disparaître tout le reste. Celui qui l'avait réveillé sur le divan chez Anietchka la nigaude, quand il avait instinctivement senti que Iassia était partie.

Si un jour quelqu'un rompt votre solitude, vous ne pourrez plus jamais apprendre à vivre de nouveau avec elle. C'est comme les tentatives pour cesser de fumer : un jour ou l'autre, de toute façon, on prend une cigarette.

C'est comme la plus dure, la plus perfide des drogues : il suffit d'une fois, et on est perdu pour la vie.

Et même avoir clairement conscience du fait que celui qui était arrivé un jour jusqu'à vous n'existait plus, même cela n'est d'aucune aide. Il a changé à en devenir méconnaissable. Et ne pourra plus jamais désormais vous faire subir ce méchant sortilège. Même si tout d'un coup il lui en prend l'envie. Mais au fait, justement, il n'en a aucune envie.

Et, bien entendu, personne d'autre non plus n'en sera capable.

La sentence est définitive et sans appel.

Mais il vous en reste la nostalgie.

Ce n'est pas possible pas possible pas possible.

Et cela s'est produit.

Parfois vous avez envie de crier : "Il aurait mieux valu que tu n'aies jamais existé !"

Mais vous savez que ce n'est pas sagement pensé.

Et vous répétez comme une prière, comme une incantation, comme un mantra : "C'est bien que tu existes. C'est bien que cela se soit produit. Merci de m'avoir tué, merci, merci, merci !"

Il aurait mieux valu que tu n'aies jamais existé !

Il aurait mieux valu qu'il aille ce jour-là au cours d'archéologie. Et qu'il ne se soit pas trouvé assis sur le rebord de la fenêtre, en train de lire Nietzsche. Mais oui, le voilà, le responsable de tout ! Zarathoustra !

Alors, la drôle de gamine aux cheveux verts et au long manteau noir aurait demandé à quelqu'un d'autre de lui prêter son briquet. Et après, peut-être le jour même, elle aurait fait la connaissance d'un cosmonaute, du roi de Tunisie, du champion du monde de snowboard, d'un aviateur espagnol ou d'un espion japonais… De n'importe qui, enfin ! Les aventures se déversaient toujours sur elle comme d'une corne d'abondance. Ils auraient fait connaissance, et elle serait partie, laissant tout tomber, le plus loin possible de l'ennui de cette fac déprimante, où l'on avait froid l'hiver même en manteau et où l'encre gelait dans les stylos.

Et jamais elle ne se serait jetée en marche pour s'y incruster, dans la vie et la destinée de l'étudiant Nikita qui aimait sourire et qui tombait fréquemment dans les pommes.

Mais cela s'était produit.

Une petite fille était apparue au tournant du couloir, et Nikita avait sursauté. Dès le premier regard cela avait été une reconnaissance. Pas l'amour coup de foudre, comme on l'écrit dans les romans. Simplement son visage, qu'il n'avait jamais vu auparavant, lui "était déjà connu". Vraiment comme seul peut l'être le visage d'un proche que vous avez contemplé toute votre vie.

La petite fille souriait à Nikita. Elle aussi, comme à une bonne connaissance à elle. Et se dirigeait droit sur lui.

Soit dit en passant, sur le rebord de fenêtre voisin était assis un célèbre vétéran de la faculté de lettres, surnommé Citrouille, qui arrivait alors à sa douzième année d'études, et pouvait parler trois minutes d'affilée en employant exclusivement du vocabulaire hors norme et, en outre, sans se répéter une seule fois. Tu aurais très bien pu le lui demander à lui son briquet, mais quelque chose t'a poussée précisément vers moi.

Et après tu es gaillardement partie fumer dans les toilettes pour hommes, parce que c'était ta première semaine de première année et que tu n'avais pas encore appris où vont fumer à l'interclasse les filles convenables.

Et lorsqu'elle était revenue, au lieu de lui rendre son briquet, elle avait vidé sur Nikita un plein baquet de points d'exclamation et une histoire invraisemblable au sujet de Lia Akhedjakova, "à qui il arrive aussi toujours des malheurs".

— Un jour, lors d'une répétition, elle est tombée dans la fosse d'orchestre et s'est cassé la jambe ! Le spectacle a été interrompu ! Tout le monde attendait qu'on enlève son plâtre à Akhedjakova ! Et voilà, sa jambe rétablie, vite, vite, Akhedjakova court répéter ! Et elle se dépêchait tant qu'elle a glissé dans la rue, et s'est cassé l'autre jambe ! Tu te rends compte ! Et de nouveau tout le monde attend ! Enfin, la voilà remise sur pied. Le metteur en scène avait envoyé sa voiture la chercher, pour qu'elle n'aille pas de nouveau tomber ici ou là, et tout a l'air d'aller bien, la répétition commence, les acteurs récitent leurs tirades quand, tout à coup, un décor se détache et fond sur eux ! Eh bien, tous ont réussi à lui échapper en courant chacun de son côté ! Sauf Akhedjakova ! On soulève le décor et le metteur en scène, d'avance à bout de nerfs, demande : "Alors, Lia, quelle jambe tu t'es cassée cette fois ?!" Et elle, d'une voix plaintive, de dessous le décor, elle couine : "Le bras !"

Tout cela (Nikita l'avait compris une demi-heure plus tard), c'était pour dire que le briquet que la fillette avait emprunté à Nikita lui avait éclaté dans les mains. Et que la fillette en était terriblement honteuse. Nikita riait sans remarquer les signaux d'alerte des émetteurs : "Attention ! Déverrouillage."

Mais voilà, sa solitude prenait déjà l'eau. Sa solitude était déjà rompue. Et la petite fille, qui s'appelait Iassia, "parce que ses parents attendaient un garçon et avaient pendant neuf mois communiqué avec un Iaroslav", lui injectait déjà dans le sang à son insu, et à celui de Nikita encore davantage, la plus dure et la plus perfide des drogues. Sans laquelle il ne pourrait plus vivre.

Ce n'est pas possible pas possible pas possible. Et cela s'est produit.

Là-dessus arriva un petit SMS qui lui donna envie de crier encore plus fort. Iassia, qui venait de partir, écrivait du train des mots inadmissibles et assassins : "Mon petit garçon ! Je veux revenir chez toi ! Qu'ils aillent tous au diable ! Je suis là et je pleure ! Je n'étais pas en visite, mais chez moi, chez toi, chez nous ! Je n'ai jamais voulu aller que chez toi !"

Suivaient des mots que la censure interdit pour le coup tout à fait.

Les mots tendres dont ils s'appelaient naguère.

Des mots effacés de sa mémoire.

Les années où il avait survécu dans ce monde sans elle, instantanément réduites en poussière.

Ce n'est pas possible pas possible pas possible. Et cela s'est produit.

Car, vers le matin, Iassia avait appelé elle-même et avait dit, la voix étranglée par les larmes :

— Ne m'appelle plus jamais ! Et ne me cherche pas ! Et n'essaie pas de me voir ! Ce sera mieux ainsi pour tout le monde ! *Parce que ce n'est pas possible ! pas possible !! pas possible !!!*

— Iassia, ne pleure pas.

— Parce que moi aussi *je t'aime* !
— Ne pleure pas.
— Tu promets de ne pas téléphoner ?
— Promis. Mais seulement ne pleure pas.

Et il tint sa promesse. Il ne téléphonait plus. Et n'essayait pas d'avoir de ses nouvelles. Mais il attendait constamment qu'ils se rencontrent par hasard. Quelque part, dans un couloir de métro. Dans une gare. Au fond de la Méditerranée. Dans le cratère du Vésuve. Dans le bourg de Nèfles. En n'importe quel point du globe qui plairait au destin.

Il n'essayait pas d'en savoir plus. Et il ne savait pas. Alors que Rochtchine, lui, savait. Et Alia savait. Mais tout le monde se taisait. Et personne, jamais, ne le dit à Nikita. Que Iassia vivait à l'époque avec un médecin, dont le nom ne s'est pas conservé dans l'histoire. Et que dans le réfrigérateur du médecin il y avait beaucoup de médicaments. Et que, cette nuit-là, le médecin était de garde. Que Iassia était seule. Et qu'en parlant avec Nikita pour "la dernière fois", elle avalait avec du champagne une plaquette de Phénazépam, une poignée de Tazépam, et deux sachets de Rélanium : "Pour dormir." Et qu'après, elle s'était endormie. Et qu'elle dormait jusqu'à présent.

19

Rochtchine avait dit : “Avoue-le, en fait tu ne cherches pas la Russie, tu cherches à te fuir toi-même. A fuir ces trous qu'a laissés en toi cette gamine aux cheveux de toutes les couleurs.”

Une jeune fille dans le métro disait à son amie : “Ce n'est pas du sexe. C'est une prière. Nous la faisons avec nos corps. Une sorte de rituel antique si tu veux, un sacrement extatique. Ce n'est pas un orgasme, tu comprends, mais un contact *on line* avec Dieu. Durant ces instants, je suis littéralement prête à mourir de ce transport, et mon mari me tient et m'appelle : «Reviens !…» Oh, regarde, mon mascara n'a pas coulé ?”

Un petit garçon dans le train a dit à sa mère qui avait trop bu : “Je n'ai de nouveau pas assez fait gaffe. Tu as racolé quelqu'un au wagon-restaurant, hein, m'man ? Oh, quel mal j'ai avec toi, tu ne sais pas te conduire ! Allez dors, sinon demain tu auras mal aux cheveux ! Tu penses que tes chevaliers servants vont t'apporter au lit de quoi dessaouler ? Tu peux toujours attendre ! Tu n'as que moi, mets-toi bien ça dans le crâne, que moi !”

La marchande de tomates disait : “Oh, les ménagères !? Les ménagères, elles viennent me trouver à la recherche de la recette du bonheur en famille. Des tomates pas chères de Moldavie ! Alors que toutes les autres, celles qui ne sont pas en ménage, les dépravées, elles passent devant moi sans me voir, mes tomates elles n'en ont pas besoin ! Eh, les mères de famille ! Eh ! les mères de famille ! Elles sont bouchées, ma parole ! Cervelles de moineau ! Espèces de sardines décongelées ! Elles ne veulent pas acheter de tomates ! Y aura pas de bonheur pour vous ! Non, pas de bonheur !"

Le père Boris, qui a ouvert un refuge pour enfants à Vieriechtchaguine, petite ville de l'Oural, avait dit : "Une seule chose, ne me demandez pas combien nous avons de gamins ici ! Ici, c'est la république de Chine populaire tout entière ! Ça fait longtemps que j'ai perdu le compte. Je sais que j'en ai moi-même fait cinq, que j'en ai adopté cinq, mais après… je ne saurais dire. Je suis un homme simple, j'ai des difficultés avec les «calculations» ! De l'amour, par contre, il y en aura suffisamment pour tous !"

20

Tout cela se produisit comme toujours par hasard. Il s'était mis à pleuvoir. Nikita s'abrita sous l'auvent à l'entrée d'un grand immeuble de standing. La porte métallique, derrière lui, avait couiné faiblement et tenté de s'ouvrir mais, à mi-chemin, elle eut comme une syncope et repartit en arrière. Nikita avait saisi la poignée et amené au grand jour une minuscule petite vieille.

Courbée en cerceau, elle traînait un seau rempli d'eau sale.

— Vous lessivez par terre ou quoi ? s'était exclamé Nikita stupéfait, en retirant l'anse d'aluminium d'entre ses doigts tordus.

— Eh oui, je lave, je lave ! avait gaiement répondu la vieille femme. Des braves gens, il y en a dans ce monde !

— Mais quel âge avez-vous donc ?

Nikita avait jeté l'eau du seau dans les buissons.

— Ah, eh bien merci ! Quatre-vingts depuis ce matin.

— Vous devriez être tranquillement chez vous. Il est temps de vous reposer à présent. Et que quelqu'un d'autre lave par terre.

— Entre donc, toi, voyons. En attendant que cette petite averse passe. C'est qu'il fait froid, hein, dehors.

Porter les seaux dans les étages, Taïssa Iossifovna avait autorisé Nikita à le faire, par contre elle avait catégoriquement refusé de lui confier la serpillière.

— Et comment ça se fait que vous n'arriviez pas à rester chez vous, à la maison ? continuait Nikita avec ses questions.

— Mais, parce que je n'en ai pas.

— De quoi ?

— De ce qui t'intéresse justement.

— Comment ça ?

— De maison. Chez moi, c'était à Groznyï. Voilà dix ans qu'ils l'ont bombardée. Je suis venue à Moscou chez mes frères, ce sont eux qui m'avaient proposé de venir.

— Et alors ?

— Et alors, et alors ! Il n'y a pas de mystère. Une bouche en plus, qui en a besoin ? Leurs enfants sont grands, ils savent lire et écrire et surtout ils savent compter. L'Etat n'a qu'à s'occuper d'elle, et voilà, c'est ce qu'ils ont dit. Alors je suis partie de chez eux.

— Et vous habitez où ?

— Eh bien, ici. La nuit.

— Dans l'entrée ?

— Non, voyons, pourquoi dans l'entrée ? Non, dans la loge des concierges. Elles rentrent chez elles la nuit, et moi je dors sur leur petit canapé. Pour moi c'est bien, et pour elles c'est avantageux : parce qu'elles sont payées pour le jour et la nuit, n'est-ce pas.

— Mais dans la journée ?

— La journée, je lave les sols. Il y a quinze étages ici. Dans quelques appartements, quand des malades doivent garder le lit, je m'en occupe pendant que leurs proches sont au travail. Je leur prépare à déjeuner. Et du coup je me fricote à moi aussi quelque chose. Le temps de tout faire, c'est déjà le soir. Il y a beaucoup de bonnes gens dans le monde !

— Et l'Etat ?

— Ah, encore un qui comprend la vie ! Vous me fatiguez avec votre Etat ! Lui, qu'est-ce qu'il en a à faire ? Où que j'aille, ils enfoncent tous toujours le même clou : "Elle avait bien besoin de venir nous envahir à Moscou !" J'ai voulu obtenir le statut de réfugiée, on m'a refusée, ils réclament un papier, il faudrait aller le rechercher à Groznyï. Comment j'irais où que ce soit ? Je tomberais en miettes durant le trajet. Alors voilà, c'est comme ça que je vis sans papiers.

Nikita avait failli dire : "Pardonnez-moi, s'il vous plaît", mais les mots lui restèrent en travers de la gorge.

De l'appartement d'en face sortit un gros adolescent avec un bull-terrier. Taïssa Iossifovna, à la vue d'un résident, se mit à s'affairer, elle arracha le seau des mains de Nikita, se jeta sur la serpillière et heurta la rampe, qui fit entendre un écho plaintif.

Le bull-terrier s'était accroupi sur ses pattes torses et s'était soulagé sous lui. Le garçon partit d'un gros rire et fit claquer son chewing-gum. Nikita fut pris de l'envie de les tuer l'un et l'autre. Mais à ce moment l'ascenseur était arrivé, et les deux sales bêtes disparurent.

— Tu devrais y aller, non ? Il ne pleut plus, dit Taïssa Iossifovna, nerveuse. Pourvu qu'on ne me congédie pas. Ils vont dire : "Elle laisse entrer des étrangers, et puis d'ailleurs elle, c'est qui ?"

Nikita se retenait au rebord d'une fenêtre avec l'impression que le sol et le plafond échangeaient leurs places. La voix de Taïssa Iossifovna lui parvenait comme du fond d'un puits. Nikita banda toutes ses forces et refit surface.

— Taïssa Iossifovna, je… nous…

— Vas-y, va.

La vieille femme poussait doucement Nikita vers la porte.

— Tenez bon encore un tout petit peu ! cria-t-il en se retournant sur le seuil. Cela ne va pas durer comme ça toujours ! Je vais forcément inventer quelque chose !

Un grondement d'intérieurs en révolution lui répondit de derrière les buissons et le museau satisfait du bull-terrier en émergea.

— Mais que peux-tu faire pour elle ? Venir tous les jours pour lui porter ses seaux ? La faire déménager dans le trou à rat que tu loues et dont tu vas toi-même te faire éjecter d'un jour à l'autre parce que tu n'auras pas payé ? Tu vas faire toutes les démarches et réunir les attestations ? Et écrire un article pathétique dans le journal, peut-être ? Tout ça, ce n'est que du bavardage bien intentionné !

Iounker était d'humeur critique et une conversation plaisante autour d'un chianti n'était visiblement pas près de s'engager.

— Et toi, que proposes-tu ? Une bonne bouteille ? Et, si ça n'aide pas, deux, peut-être ? s'enflamma Nikita, bouillant d'une rage inextinguible déclenchée et entretenue par le bull-terrier.

— Je suggère de ne pas t'arracher les cheveux. Et surtout de ne jamais faire une promesse qu'objectivement tu ne pourras pas tenir, répondit calmement Iounker, tout en considérant son verre dans la lumière. Je ne suis pas cynique. Je suis réaliste.

21

A chaque minute qui passait, l'espoir d'atteindre Danilovo, localité où on pouvait prendre un train de banlieue, se noyait un peu plus dans la pluie. Tout comme la route qu'elle engloutissait inexorablement. Pour finir, le car intercommunal s'enlisa définitivement et, après quelques derniers sursauts, il rendit l'âme. Dans l'habitacle, la lumière s'éteignit aussitôt, et leur morose et profonde patrie entoura les passagers de toutes parts.

— Fini, j'abandonne ! déclara le chauffeur d'une voix fatiguée et paternelle en quelque sorte. Ceux qui en ont la force, vous marchez jusqu'à Krestov, là-bas il y a encore un autocar à neuf heures pour Kiniechma, quant aux autres, Gorinskoie est tout près. Deux kilomètres à faire à pied environ. On peut passer la nuit dans l'école.

L'averse s'abattit sur les vitres avec une force redoublée.

— Voyez-moi ça, ça se déverse comme d'une lance d'incendie, chuchota à mi-voix une femme au panier rempli de pommes Antonovka, le front pressé contre la vitre dégoulinante.

Toutes les phrases sonnaient juste dans l'obscurité, et prenaient de l'importance, comme si elles vous atteignaient en plein cœur, pile dans le mille, et concernaient les choses essentielles de la vie.

— Oui, c'est le déluge, le déluge..., soupira une petite vieille en replaçant son fichu sur sa tête avec des gestes menus et précis.

Un vent noir gémissait en s'enroulant autour du corps paralysé de l'autocar. Le chauffeur tirait sur sa cigarette malodorante, écoutait la mélopée de l'eau, et lui aussi semblait penser à quelque chose d'important. Pendant un moment, tous se turent comme sous l'effet d'un charme.

— Et voilà, on roulait en autocar, et puis tout à coup on se retrouve dans l'arche de Noé, et Gorinskoie est le mont Ararat, dit un gamin d'une dizaine d'années, assis à côté de la petite vieille.

La vieille femme se mit à soupirer encore plus fort et entreprit de se signer.

— Grand-mère Polia, qu'est-ce qu'il est raisonneur votre Vania, pour son âge, déclara d'une voix forte une autre habitante de l'arche, que l'on distinguait mal dans le clair-obscur.

— Oh, c'est rien de le dire, Katierina, ça pour ça ! Je ne sais vraiment pas quoi faire avec lui, tu sais ! Il dit des choses parfois, on ne croirait pas un enfant, mais un vieux sage barbu ! C'est à croire qu'il a étudié dans les académies ! Moi ça me fait peu-eurr, Katierina, ça me fait peu-eur. Les bonnes femmes, au village, elles disent : Il file un mauvais coton votre Vania, un mauvais coton !

Les mots s'envolaient de sa bouche minuscule et s'éparpillaient, ronds et bondissants comme des petits pois.

— C'est vous, les femmes, qui avez de la barbe. Vous n'avez pas dit une seule parole sensée de toute votre vie, fit Vania dépité, et il se tourna vers la fenêtre avec une sorte de tristesse qui n'était effectivement pas enfantine.

Nikita souffla sur la vitre et dessina pour Vania une petite bouille souriant avec malice. Vania jeta un regard sombre sur le dessin et haussa les épaules. Puis il examina Nikita des pieds à la tête et dit, du défi dans la voix :

— Et toi, dis, quel bon vent peut bien t'amener jusque par ici ? Tu veux examiner le hameau où tu viendras sauver ton âme dans tes vieux jours ? Tu as tort ! Il vaut mieux ne pas attendre d'être vieux, parce que si tout d'un coup tu meurs plus tôt que prévu, hein, avec une âme damnée ? On ne te laissera pas entrer au paradis du bon Dieu !

Grand-mère Polia se déchaîna contre Vania :

— C'est quoi, c'est quoi ça ! D'embêter les gens avec tes sermons ! Tu ne perds rien pour attendre avec moi, tu vas voir, je vais le dire à ton père, qu'il t'apprenne à respecter tes aînés ! Excusez-le, hein, excusez, c'est qu'il est un peu spécial, notre gamin.

La vieille, l'air fautive, secouait le petit blouson de Vania, et adressait à Nikita des sourires obséquieux. Vania se dégagea des mains grand-maternelles, et s'entêta à terminer ce qu'il avait à dire :

— Oui, et puis qui va te nourrir au village quand tu seras un vieux ? Qui va s'occuper des bêtes, couper le bois ? Tu penses que la vache va se traire toute seule et t'apporter ton pot de lait à table, comme une serveuse en petit tablier blanc ? Hé, hé-é, non, les bêtes ont besoin qu'on en prenne soin, tout comme ton âme, et pour cela il faut des forces autres que celles d'un vieillard.

— Donc, tu penses qu'il faut commencer dès tout de suite ? demanda Nikita tout à fait sérieux.

Vania lui lança un regard par en dessous, essayant de déterminer : "Il se moque, ou non ?" et soudain il se détendit et, avec un grand sourire :

— Le plus tôt sera le mieux ! dit-il, et il ajouta, cette fois carrément cordial : On va aller à Gorinskoie n'est-ce pas, moi, c'est pour l'école. Là-bas, il n'y a pas longtemps, s'est installé un type dans ce genre, un qui fait son salut. C'est à rire et à pleurer : soit il lâche son seau dans le puits, soit c'est sa chaussure qu'il perd dans la boue. Bon bref. Un de la ville, quoi !

Pendant le trajet jusqu'à Gorinskoie, Vania s'était déjà parfaitement familiarisé, il tenait Nikita par la main et parlait sans arrêt, criant pour couvrir le bruit du vent qui emportait toutes ses paroles quelque part derrière eux, là où "les vieilles femmes à barbe" avançaient péniblement dans la boue. Le chauffeur était resté dans le car pour la nuit, avec le panier d'Antonovka.

Le jeune Vania de dix ans exposait précipitamment à Nikita sa biographie et sa vision du monde :

— Je pense sans cesse. Je ne peux pas m'arrêter. Toute la journée. Pendant les leçons, je pense. Quand j'arrose le potager, je pense. Et quand je fais boire les veaux. Même la nuit dans mon sommeil. Mais je n'ai personne à qui en parler. Il n'y a que des bonnes femmes tout autour. Si tu les entendais quand elles commencent avec leurs gémissements : "Il file un mauvais coton, oh là là, un mauvais coton." Ce qui les effraie, c'est que je suis trop intelligent. Moi, j'estime que si les gens ne laissaient pas leur cervelle tourner à vide, eh bien, ils seraient tous aussi intelligents. C'est comme d'entraîner ses muscles. Moi non plus parfois, je n'ai aucune envie de penser, je voudrais me laisser sombrer dans la passivité, comme eux, rigoler en regardant Petrossian à la télé. Mais je ne cède pas. Je fais l'effort de m'obliger à penser. C'est ce qui me sauve.

— Et à quoi penses-tu tout le temps ? cria Nikita à la rencontre du mur que le vent tendait devant lui.

— A différentes choses. Comment est fait le monde. A quelle fin les gens vivent. Mais le plus souvent, évidemment, c'est à Dieu que je pense. Et pourquoi il provoque toutes ces catastrophes, dans lesquelles périssent des quantités de gens. Car enfin ce ne sont pas tous des pécheurs comme à Sodome, parmi eux il y a même de tout petits enfants, des nourrissons, dont l'âme est encore pure.

— Et alors, pourquoi ? demanda Nikita, qui y pensait lui aussi souvent.

Vania se taisait, laissant passer une rafale particulièrement violente.

Et soudain Nikita avait ressenti un malaise. Il s'était surpris à attendre une réponse à tous ses doutes et interrogations de la part de cet enfant.

— Ça, je ne l'ai pas encore compris, répondit Vania sans se presser. Mais le fait que je n'arrive pas à le comprendre ne veut absolument pas dire que cela n'a effectivement aucun sens.

Quand ils atteignirent Gorinskoie, il faisait nuit noire.

Ils s'installèrent dans l'école. Vania s'endormit aussitôt la tête sur son pupitre, sous un portrait de Pouchkine que l'on discernait à peine dans l'obscurité. Nikita sortit faire un tour. Il y avait de la lumière à la fenêtre du bureau du kolkhoze. Et une silhouette, qui avait quelque chose de vaguement connu, mais qui ne s'accordait en rien avec le lieu, fumait, la tête passée par le vasistas. La silhouette tourna la tête du côté de Nikita et, brusquement, poussa un cri étouffé, descendit en hâte du rebord de la fenêtre et disparut du cadre éclairé. Des pas précipités retentirent le long d'un escalier de bois et c'est la matouchka qui s'effondra sur Nikita.

Durant près de cinq minutes, Gricha resta tout simplement suspendu à son cou : de joie, il émettait des sons inarticulés et secouait la tête de gauche à droite comme un petit chien dans l'oreille duquel se serait pris un bourdon. La surprise avait également privé Nikita du don de la parole, et il se contentait de sourire tout confus à l'adresse de l'obscurité.

Nikita put à loisir examiner Gricha quand ils se retrouvèrent dans le bureau où ils étaient montés par un vieil escalier de bois avec des marches manquantes. L'ex-“reine du trottoir” avait une drôle d'allure : des kilos de boue, collées à ses bottes en caoutchouc, des pantalons ouatinés, mais pardessus un manteau Yoshi Yamamoto, acheté dans l'une des “boutiques” les plus chères de Moscou. Autrefois d'une pâleur mortelle due aux couches de poudre, il affichait le teint vif et sain du campagnard. Le piercing avait disparu de sa lèvre.

Gricha, lui qui avait terminé ses études dans la section mode “marketing et publicité” d'une université payante, travaillait maintenant comme chargé de gestion au kolkhoze “L'Epi” alors dans une mauvaise passe. Il se levait à six heures du matin et criait dans le combiné cassé du téléphone, rafistolé avec une bande Velpeau. “Mon brave Pietia ! Nous avons des veaux ici qui s'en sont allés hier les sabots devant, vous n'avez pas besoin de viande ?”

En outre, la matouchka, qui avait toujours eu un penchant pour le spirituel, faisait l'*altarnik* à l'église du village. C'était le batiouchka de l'endroit, le père André, qui l'avait attirée à Gorinskoie.

— Mais ne va rien imaginer de mal, s'était aussitôt repris Gricha, et il entreprit de tout raconter. Avant, c'est vrai, ça m'est arrivé, mais avec le père André, pas question ! Rien que d'imaginer une chose pareille, ça me coupe bras et jambes ! Je me suis repenti de tout maintenant. Il va d'ailleurs bientôt falloir que je me marie. On m'a déjà fiancé dans toutes les familles. Je ne peux quand même vraiment pas leur expliquer pourquoi je n'ai pas besoin de femme !? Je vais me recycler !

C'était par Internet que Gricha avait fait la connaissance du père André quand, après son rendez-vous avec le FSB, il se renseignait auprès de tout le monde sur les moyens d'émigrer "même n'importe où". On avait alors déjà refusé à la matouchka le visa pour la Norvège. Quelqu'un lui conseilla de "jouer la carte du pèlerin", dans ce cas, il y avait, disait-on, moins de tintouin avec les ambassades : Gricha s'était connecté à un forum orthodoxe, et c'est là qu'arrive le père André. Il avait écrit à la brebis égarée : "Pourquoi fuir à l'étranger, viens donc chez nous, à Gorinskoie, ici c'est sûr, personne ne te trouvera."

Le lecteur de magazines sur papier glacé, l'assidu des défilés de mode n'avait fait que rire de la proposition d'émigrer dans un "trou du cul du monde" et l'avait parfaitement oubliée.

Mais, une fois, Gricha avait eu une journée plus que désastreuse. Il s'était fâché avec toutes les "frangines" les unes après les autres, avait filé de chez son batiouchka qui, pour cause de énième trahison, lui avait cogné dessus avec un tabouret, et s'était rendu dans un club gay pour s'aérer. Là, brusquement, des gorilles, inconnus de lui, lui en avaient interdit l'entrée. Et, lorsque la matouchka avait essayé de leur démontrer son droit à pénétrer dans cet établissement pour *happy few*, ils l'avaient avec une extrême rudesse envoyé la tête la première dans une congère.

Gricha se traînait péniblement à travers le Moscou nocturne, essuyait la neige de son visage, hoquetait en ravalant ses larmes et en était à désirer faire une chose "après quoi ils auraient tous regretté, mais trop tard !" Le jeune Gricha n'avait cependant aucune envie de mourir.

Et là il s'était souvenu du père André. Et il avait décidé, pour leur apprendre à tous, de partir pour "le trou du cul du monde". Bien sûr, Gricha ne projetait pas de s'exiler longtemps à Gorinskoie. Il s'apprêtait à rentrer à Moscou, après qu'on aurait fait quelques tentatives larmoyantes pour l'en convaincre.

Mais il n'était pas rentré à Moscou. Et il avait également renoncé à partir à l'étranger. Par quelles paroles le père André avait persuadé ce pilier des boîtes gay de rester dans ce village perdu, Dieu seul le sait. Gricha lui-même parlait de cela, de sa renaissance de converti, en restant évasif et avec une certaine réticence.

— Là-bas, ils s'en fichent bien de moi tous, le père André, lui, a été le premier à me considérer comme une personne. Et puis la vie est plus tranquille ici. Et il est temps de mûrir aussi. J'ai déjà vingt-trois ans mais je vis, ou plutôt je vivais, comme un enfant, en irresponsable. Quand je suis arrivé ici, j'ai soudain senti combien j'étais vide à l'intérieur. Alors bon, j'ai renoncé à repartir. Qu'est-ce que je n'avais pas suffisamment vu là-bas, je te le demande ! Des mecs peinturlurés ? Enfin, en général, j'en ai eu assez "de vivre sans entraves", j'ai décidé de vivre "selon des concepts". Chez nous, au village des Croix, c'est le sacristain, un ancien bandit, qui s'exprime comme ça. Lui aussi, son histoire est intéressante, demande au père André, il te racontera.

Ils avaient trouvé le père André à la ferme. La soutane retroussée, il passait entre les rangées de vaches et les exhortait à donner un peu plus de lait.

— On l'a récemment élu président du kolkhoze, expliqua Gricha. Mais c'est un homme de la ville, tout comme moi, il ne sait pas par quel bout s'y prendre. Regarde, il essaie d'augmenter la traite avec des sermons !

Le président du kolkhoze éclata de rire et vint les rejoindre en sautant par-dessus les flaques. Le toit de la ferme était percé à certains endroits et, par les trous, les lointaines galaxies regardaient le troupeau.

— Oui, ma paroisse s'est enrichie, il y a peu, de deux cents têtes de gros bétail à cornes ! dit gaiement le prêtre en tendant la main à Nikita. Journaliste ? Non ? Etrange ! Parce que, quand j'ai été élu, ça a déclenché un véritable pèlerinage journalistique. Chaque jour il en venait : du sensationnel ! Un pope-président de kolkhoze ! D'ailleurs, grâce à eux, j'ai eu l'occasion de concevoir le b. a.-ba du profond savoir paysan. Il en est venu de la télévision aussi. Ils ont commencé à imaginer différentes mises en scène : on m'a installé dans l'étable, entraîné dans les champs, et puis le chef-opérateur a eu une idée : "Le pope sur le tracteur ! Ça, je n'ai jamais filmé quelque chose de pareil !" Ils m'ont fait asseoir au volant, or pour moi c'était une première ! Bon, mais que faire, hein ? Je me suis signé, et en avant…

Le père André ne ressemblait pas du tout à un prêtre : frêle, aimant à rire, anguleux, il se troublait à propos de tout et de rien et parlait non pas d'une grosse voix grave mais avec des accents de jeune garçon. D'ailleurs, à en juger d'après l'ensemble, il ne devait pas être bien âgé.

— Oh ! allons vite, vite chez moi, j'ai envie de fumer, c'est fou ! Or dans la rue je ne peux pas, il ne conviendrait guère à ma digne fonction d'enfumer le ciel !

Le père André poussait Nikita et Gricha vers la sortie à l'aide de la même branche sèche dont il venait d'user pour communiquer avec les vaches.

Arrivé chez lui, à l'extrémité de Gorinskoie dans une petite isba qui donnait de la bande (“En hiver, les lièvres jettent un œil par les fenêtres”, avait dit Gricha), autour d'un verre de vin rouge bon marché, Nikita se fit conter le récit promis de l'histoire du bandit converti. C'était sa première histoire russe “positive” telle qu'en désirait Alia.

— Tu sais, il existe une catégorie comme ça de SDF, des SDF-prêtres. Ils se procurent l'habit quelque part, et collectent de l'argent pour soi-disant la construction d'une église.

Et voilà qu'un jour, un escroc déguisé de cette espèce se tient près de la gare de Kiev à Moscou, avec sur la poitrine une boîte pour collecter les dons, et à la main une petite icône en carton, tout comme il se doit.

Soudain arrive une belle grosse bagnole, et il en saute un jeune gars à chemise noire. Qui pour accompagner ses paroles : “Eh bien, saint père, prie pour moi !” jette un paquet de billets aux pieds du pseudo-prêtre. Et repart.

Le SDF, c'est bien normal, était tout content : il a fait la fête, il a bien bu, il s'est amusé comme il savait. Mais après il lui est arrivé quelque chose d'étrange. Est-ce d'avoir trop bu qui le retourna ? Ou autre chose ? Quoi qu'il en soit, il s'est brusquement rappelé ce petit jeune, et qu'il n'avait pas prié pour lui, n'est-ce pas, et que d'ailleurs en général il ne savait pas prier… et il a eu honte.

Pour la première fois de sa vie. Or, sur les gens qui n'ont pas l'habitude, ce sentiment produit un effet foudroyant.

Le SDF a tout laissé tomber, le reste de l'argent il l'a distribué à ses frères de lutte à la gare de Kiev, et il est parti droit devant lui. Il est longtemps passé de ville en ville et de village en village, sans s'attarder nulle part. Il s'était complètement ensauvagé, ayant laissé pousser barbe et cheveux, et n'avait plus figure humaine.

Or, une fois qu'il s'était endormi sur les marches de l'église dans un village, le batiouchka de l'endroit le découvrit là le matin. Il le réveilla, le nourrit en abondance, lui donna des vêtements, et parla avec lui. Tout cela fit que l'ex-clochard est resté au service de l'église. Au début, il ôtait les bougies consumées et nettoyait l'encensoir, puis il devint sacristain, et puis, sur les instances du batiouchka, il a même fini par entrer au séminaire, qu'il termina. Et il devint donc prêtre pour de vrai.

Et voici qu'un jour, après le service, un jeune homme s'avance vers lui, tout pâle, le regard brûlant, le visage tourmenté, et tombe à genoux : "Père, dit-il, tu me reconnais ? Non ? C'est pourtant bien toi qui m'as sauvé la vie !"

Et il s'avère qu'il est effectivement ce jeune truand après lequel le destin de notre clochard avait changé de façon si radicale. Et il raconte son histoire au batiouchka. Ce jour-là, il se rendait à un règlement de comptes d'envergure où tous ses amis furent abattus. Quant à lui, il avait par miracle roulé dans un caniveau, et s'en était tiré. Grâce aux prières du "prêtre", pensait-il. Après cela, il avait abandonné le banditisme et s'était mis à voyager d'une église à l'autre…

Bon bref, l'ex-truand est lui aussi resté au service de l'église, toujours la même. Comme sacristain auprès de l'ex-clochard. Et toute cette affaire a eu lieu chez nous, aux Croix. De sorte que, si tu as des doutes, tu peux demain aller jusque chez eux les interroger toi-même. Mais maintenant on dort, demain il faut de nouveau se lever au premier chant du coq !

Avant d'aller se coucher, Nikita sortit pour fumer. Les isbas sombres et comme inanimées regardaient le monde par les orbites creuses de leurs fenêtres. Gorinskoie lui apparaissait comme une autre planète. Après la pluie, le ciel était redevenu pur, Nikita voyait briller de tout leur éclat les étoiles de la campagne. Et puis quelque part là-bas, dans cette obscurité inerte, dormait, sous le portrait de Pouchkine, le petit Vania qui, même endormi, continuait à penser à la place de l'homme dans le monde.

Là, Nikita avait eu une illumination. Il revint à la course vers l'isba, heurtant au passage un seau vide dans le noir. Gricha se faisait bruyamment son nid sur le poêle*, quant au père André assis à la table, il feuilletait quelque livre de prières.

— Dans les maisons de bienfaisance des monastères, on demande des papiers quelconques aux gens ? avait crié Nikita à brûle-pourpoint depuis le seuil.

Gricha avait pouffé, tandis que le batiouchka, qui riait volontiers, avait regardé Nikita sans le moindre sourire.

— Dieu n'a pas besoin de papiers. Mais il y a maison de bienfaisance et maison de bienfaisance. Il en est qui instaurent des règles carrément moyenâgeuses. Tout juste si on ne vous y oblige pas à

* Un poêle russe traditionnel est une construction dans un coin de la pièce, de taille assez imposante pour qu'on puisse dormir dessus.

porter le cilice. Chez nous, c'est bien connu, on ne peut pas éviter les excès… Je connais un bon endroit. Mais c'est loin. Dans l'Oural, là où j'ai été prêtre avant. Le monastère se trouve en pleins champs. On a commencé à le construire dans la nuit du Nouvel An, à la première heure du troisième millénaire. Le saint homme de là-bas, le père Boris, un an après, avait déjà monté une isba où il a installé quelques enfants abandonnés à eux-mêmes. Puis des vieilles femmes sont apparues aussi. Et ils vivent ensemble, jeunes et vieux. C'est bien là-bas. La forêt tout autour, des étendues inhabitées. Le foyer n'a pas encore d'enceinte, il est ouvert à tous vents. Les enfants ont suspendu des clochettes dans les bouleaux. Et, constamment, ces paisibles sonnailles. Le père Boris dit que c'est le tintement que produisent les âmes enfantines…

— Seulement, arriverons-nous à conduire ta grand-mère jusque là-bas ? Elle est à Moscou, je présume ?

— Oui, répondit Nikita en chuchotant. Elle lave les escaliers de quinze étages dans un immeuble de standing, c'est une réfugiée de Groznyï, elle a quatre-vingts ans. Mais comment avez-vous deviné que c'est une grand-mère ?

— Parce que les grands-pères, en règle générale, ne vivent pas jusqu'à l'âge où il faudrait les placer dans une maison de bienfaisance, et le père André sourit. Tu sais quoi ? Amène-la donc plutôt ici. La moitié de la maison est inhabitée chez nous, vois-tu. Elle sera comme une mère pour nous, Grichka et moi. Sinon, deux hommes dans une maison, c'est effrayant ! Ne serait-ce qu'accrocher de jolis petits rideaux, on n'en a pas l'idée ! Même si, pour gérer le reste, on ne se débrouille pas trop mal, quoique citadins ! Amène-la, on ne la laissera pas dépérir !

22

Iounker et lui trouvèrent Taïssa Iossifovna entre le quatrième et le cinquième étage. Nikita fut soudain envahi par une terrible timidité, comme quand il était adolescent, il avait oublié tous les mots, hormis "b'jour", et gardait les yeux rivés sur l'anse du seau en guise de planche de salut.

Taïssa Iossifovna avait reconnu Nikita, et elle s'étonna :

— Il ne pleut pourtant pas aujourd'hui, il me semble ? Est-ce que tu serais passé juste comme ça ?

Iounker, non moins confus que Nikita, avait grommelé :

— Expliquez-vous tous les deux là, moi j'attendrai dans la voiture.

Et il s'était hâté de descendre l'escalier tout juste lessivé.

Nikita s'empara du seau et se précipita à la suite de Iounker en sentant ses joues s'empourprer. Cela non plus ne lui était pas arrivé depuis ses onze ans environ.

— Où tu files comme ça avec le seau ? L'eau est encore toute propre ! Je viens de la changer, à l'instant ! criait Taïssa Iossifovna dans son dos.

Mais Nikita volait, sautant plusieurs marches à la fois, incapable de s'arrêter.

Iounker fumait, appuyé à la voiture. Nikita versa l'eau dans les buissons et reprit son souffle. Son cœur battait comme après un marathon. Nikita regarda Iounker. Iounker regarda Nikita. Quelques secondes s'écoulèrent. Nikita en conclut qu'il lui faudrait s'en tirer tout seul et, ayant respiré à pleins poumons, il plongea dans l'entrée.

— Ecoutez, Taïssa Iossifovna ! Je vais maintenant vous dire quelque chose de très important. Je vais avoir du mal à y arriver, je ne sais pas faire et, en général, j'étais mauvais en classe, mais vous me pardonnerez, je le fais du fond du cœur. – Nikita sentit avec horreur qu'il s'enlisait de nouveau dans les mots. – Si vous voulez bien, nous… c'est-à-dire vous… je veux dire…

— Mais ne t'en fais pas donc comme ça, ne t'épuise pas. – Taïssa Iossifovna posa sa paume desséchée, légère comme une plume, sur la main de Nikita convulsivement serrée sur la rampe. – Pourquoi tu as peur de moi ? Je ne te veux pas de mal. Et je ne t'en voudrai de rien. Moi, on ne peut déjà plus me faire du mal.

Devant Nikita tout se voila de noir, et il s'assit sur une marche, s'efforçant de réintégrer l'entrée du condominium. Taïssa Iossifovna s'était installée à côté de lui et le regardait bien en face.

— Taïssa Iossifovna ! C'est un camarade à moi là, qui attend dans la voiture en bas. Nous sommes venus pour vous arracher d'ici. Et ne discutez pas, s'il vous plaît, parce que vivre comme vous, comme ça, il ne faut pas, cela ne doit pas être… – Nikita remarqua qu'il criait. – Là-bas, c'est la campagne, c'est calme. Là-bas, il ne faut pas laver par terre, en traînant des seaux trop lourds. Il y a une moitié de maison là-bas, et dans l'autre moitié un bon batiouchka, il prendra soin de vous. Là-bas, l'air est pur, il y a des étoiles brillantes tout simplement énormes. Et puis là-bas il y a aussi un petit garçon, Vania, remarquable, il n'a que dix ans, mais il en comprend plus sur le monde que beaucoup de grandes personnes…

Nikita débitait maintenant n'importe quoi, parce qu'il avait peur de se taire et de lever les yeux sur Taïssa Iossifovna.

L'eau savonneuse dans le seau moussait en bulles irisées. En bas, devant l'entrée, Iounker allumait sa quatrième cigarette.

Ils firent presque tout le trajet jusqu'à Gorinskoie en silence. Et puis, alors qu'ils étaient déjà arrivés dans la région de Iaroslav, ils virent un clocher en ruine, dans lequel une famille de cigognes avait fait son nid. Les grands oiseaux blancs se détachaient sans bruit des murs laiteux de la tour du clocher, décrivaient un cercle dans le couchant qui s'annonçait, et revenaient.

Là, les trois personnes enfermées dans la voiture se mirent à parler avec soulagement. Nikita n'aurait jamais pensé que le sujet présentait autant d'intérêt. Iounker, qui, parmi diverses autres études inachevées, avait suivi des cours de biologie, leur dévoila tous les détails de la vie de ces étonnants oiseaux.

— Eh bien, chez nous en Tchétchénie, non seulement les cigognes, mais même les moineaux ont disparu, soupira Taïssa Iossifovna. Le gaz brûlait. L'air a été empoisonné. Tout ce qui était vivant a pris la fuite. Et moi dans le nombre.

A ce moment-là, Dieu merci, ils étaient arrivés à Gorinskoie. Dans la rue principale, l'unique du village, un Vania courroucé les attendait, au milieu d'une flaque d'eau immense.

— Eh bien, c'est pas trop tôt ! s'exclama-t-il à l'adresse de Nikita. Tout ce que j'ai eu le temps, moi, de retourner dans ma tête, pendant que tu étais toujours à traîner au diable vauvert !

Pour sortir de la flaque, Vania empruntait prudemment des planches qu'avait laissées tomber de son tracteur un fichu gaillard de conducteur pris de boisson, et il examinait Iounker à la dérobée. Pour ce qui est de Taïssa Iossifovna, il l'avait, en quelque sorte, aussitôt adoptée, et il la gratifia, sur un ton mi-confus, mi-protecteur, d'un "alors, la mère, ça y est, tu es arrivée jusque chez nous avec l'aide de Dieu ?"

Pendant que Iounker, le père André et Gricha, qui avait maintenant échangé le manteau de Yoshi Yamamoto contre une veste ouatinée, se bousculaient et se gênaient l'un l'autre pour porter dans l'isba le petit sac des affaires de Taïssa Iossifovna, Vania avait entraîné Nikita derrière le potager et il lui avouait :

— J'ai décidé ce que je vais faire dans la vie. Après l'école, j'étudierai l'écologie, pour sauver la nature. D'abord, j'avais pensé les hommes. On en a même parlé avec le père André, d'ouvrir peut-être une maison de bienfaisance ici, c'est vrai, des maisons inhabitées il y en a une quantité. Mais après j'ai décidé que la nature, c'est plus important. Sinon, où vivront les gens sauvés, si la planète est perdue ? Sur Mars ? Et, tant que je suis encore à l'école, pour ne pas perdre de temps, j'ai commencé à écrire un roman. D'avertissement. Sur ce qui nous menace si les hommes continuent à traiter la nature comme aujourd'hui.

Une pie passa juste au-dessus de leurs têtes. Et, la queue baissée sous elle, elle se posa sur un fil électrique. Le père André sortit fumer. Il fit un large sourire à Nikita et dit :

— Il y a très peu de mauvaises gens en ce monde. Simplement, la plupart d'entre nous ont peur ou bien on dirait que ça les gêne d'être bons.

La pie fit entendre son bruit de crécelle, comme surprise et indignée de ce malentendu entre les hommes, et elle s'envola.

— Tu vois, même la pie est d'accord avec moi, comme disait Don Juan, nota le père André.

Puis il regarda Nikita ahuri, et éclata de rire.

Le soleil passait derrière les toitures affaissées de Gorinskoie. Il était temps pour le père André de monter au clocher sonner les vêpres. Nikita, Gricha et Iounker grimpèrent avec lui, quant à Vania, il était resté sur terre "jeter un œil" sur Taïssa Iossifovna.

D'en haut, on pouvait encore voir une petite frange de couchant. Tout, alentour, était enduit d'une couleur dorée. La soutane du père André, avec ses taches dues aux lessives, se déployait au vent, accrochant une à une les cordes du soleil. Il enroula celles des cloches autour de son poing et prêta l'oreille.

— J'ai l'impression que le père Sérapion ne sonne pas encore au Haut Village, non ? demanda le père André, qui s'était tourné vers Gricha.

— En effet, on ne l'entend pas pour l'instant.

Gricha, appuyé au mur, regardait au loin.

Et les champs, et le point enflammé du couchant se reflétaient dans ses yeux. Nikita lui voyait pour la première fois un tel visage. Comme baigné d'une lumière intérieure.

— Bizarre, il serait temps maintenant... Le père André, soucieux, triturait les cordes : Là-bas, au Haut Village, nous avons un prêtre très âgé déjà, expliqua-t-il à Nikita et Iounker. – Nous nous faisons signe l'un à l'autre avec les cloches de l'aube et du crépuscule. Ainsi je comprends qu'il est encore en vie. Chaque fois, c'est le cœur serré que je monte au clocher, je ne sais pas si je l'entendrai sonner. Au Haut Village, tout le monde est déjà mort. Le père Sérapion se retrouve seul. Mais c'est égal, il continue à dire la messe bien qu'il n'y ait pas de paroissiens, la maison de Dieu, elle, est là… Elle s'éteint notre mère Russie, elle s'éteint là, sous nos yeux, soupira le père André, et il se signa, et soudain il sourit.

Le vent avait apporté de quelque part au loin les bribes d'un carillon.

Le père André lui aussi mit les cloches en branle. Le monde s'emplit d'un lourd grondement.

Et soudain Nikita comprit nettement et clairement qu'il était heureux. Et que tout cela – la soutane du père André avec ses auréoles crayeuses, et Gricha avec son air pensif, et le plancher desséché avec ses trous béants sous les pieds, et les bâtisses pataudes construites par l'homme, là-bas, dans le fond où régnait déjà le crépuscule –, tout cela, il ne l'oublierait jamais.

Il est très rare de saisir le bonheur au moment même où il nous arrive. Jusqu'alors, Nikita n'avait été consciemment heureux qu'une fois naguère. A dix-neuf ans, avec Iassia, à Piter. Mais c'était un tout autre bonheur. Enroué à force d'exclamations exaltées, un bonheur pour deux, halé par le vent.

23

Le bonheur, c'était les baisers sur le pont des Baisers. Les petits poissons dans l'eau trouble de la Moïka*. Le bonheur volait dans les magasins du mauvais pain de Piter et du Brodsky** sous couverture cartonnée. Le bonheur buvait du kéfir sur la pelouse devant la cathédrale Saint-Isaac, la tête renversée en arrière comme un pionnier jouant du clairon. Ce bonheur-là, pour toujours âgé de dix-neuf ans, était resté dans son souvenir imprégné de musique.

Il chantait *La Marseillaise* en estropiant les paroles devant un groupe de retraités français et les flashs de leurs appareils photo.

Il résonnait des voix de musiciens ambulants qui interprétaient des chansons cubaines sur le pont du canal Griboïedov.

Et puis il y avait un homme, mélancolique, coiffé d'un chapeau, soufflant une mélodie monocorde sur son flûtiau de bois. A cinq heures du matin, il accueillait sur un toit la venue du jour encore invisible pour tous, excepté lui.

Et des nègres aussi, qui couraient à leur rencontre sur l'autre moitié d'un pont que l'on venait

* Un des canaux de Saint-Pétersbourg.

** Joseph Brodsky, prix Nobel en 1987, mort en 1996 à New York, est un des poètes les plus populaires actuellement en Russie.

de rabaisser*. Les nègres avaient de grands tambours en peau qu'ils frappaient sans pitié de leurs paumes roses, assis sur les rambardes du pont pour saluer le soleil se levant sur la Neva.

Ou bien cette femme âgée avec sa Prima au bout d'un long fume-cigarette et des bagues en argent noirci à chaque doigt. "Madame" avançait, traversant l'avenue Litieïny déserte, au cœur de l'une de ces interminables nuits blanches, et elle chantait, ayant oublié tout au monde, des airs d'opéra d'une voix grave bien posée, rendue plus grave par le tabac.

Le bonheur était pareil aux valves d'un coquillage translucide, qui se seraient refermées sur eux tandis qu'ils s'embrassaient, s'enracinant l'un dans l'autre quelque part à la cime d'un pont.

Et ils pouvaient passer un jour entier couchés sur un banc dans le jardin du musée Akhmatova près de la Fontanka à regarder le vent faire indéfiniment passer les feuilles des tilleuls du vide du ciel si bleu dans le vide si bleu du ciel. Tout en bavardant dans une sorte de langue d'oiseaux, incompréhensible pour les non-initiés, qu'ils inventaient en parlant et oubliaient sur-le-champ.

Un seul mot lui était resté de ce langage. Iassia avait le sentiment que c'était le meilleur vocable pour parler aux forces de la nature.

"Vièntch !" criait-elle aimablement aux canards gris qui agitaient leurs pattes sur la rivière Smolienka. Les canards acquiesçaient en cancanant et poursuivaient leur chemin sur l'eau.

"Vièntch", murmurait-elle aux fleurs blanches du vieux cimetière arménien. Les fleurs lui rendaient son salut, élastiques sur leur tige fragile.

* A Saint-Pétersbourg, les ponts sont levés la nuit pour laisser passer les bateaux de fort tonnage qui remontent la Neva.

"Vièntch !" Iassia conjurait la tempête, debout sur un tonneau renversé parmi les embruns, l'écume et les vagues vertes du golfe de Finlande.

"Vièntch !" Trempée jusqu'aux os, la gamine aux cheveux coiffés en une dizaine de courtes tresses essaie de couvrir le fracas de l'austère Baltique.

"Vièntch", Nikita entend résonner en lui le mot magique de la petite Iassia, tout aussi sonore et salé qu'il y a des années.

"Vièntch !" Et il sait que jamais, plus jamais, vraiment jamais plus, il ne l'entendra.

"Vièntch", les vagues ne sont plus aussi hautes et le bruit s'apaise. Iassia descend du tonneau, dérape et fait un plongeon dans l'eau. Nikita court vers elle, trébuche et tombe lui aussi. Ils rampent pour se rejoindre sur les galets qui glissent sous leurs pieds, sur la terre qui se dérobe sous leurs pieds, essoufflés, gais, tout égratignés. Ils se saisissent par les mains, et là une nouvelle vague de bonheur les frappe dans le dos, et ils tombent cette fois ensemble et prononcent "Vièntch" d'une seule voix, à genoux au bord de la tempête domptée, à la lisière même de leur destin.

24

Iounker, tout comme Alia, ne sortait presque pas de chez lui. Seulement jusqu'au magasin acheter du vin, et retour. Parce que dehors c'était une tout autre époque. Le XXIe siècle mesquin et étriqué que Iounker faisait craquer sur toutes les coutures.

Le sempiternel conflit entre individu et société s'exprimait dans le cas de Iounker par une inadéquation dans les proportions. Il se sentait dans ce temps comme un paquebot de ligne sur la Iaouza*.

Dès les premiers jours, quand ils avaient fait connaissance, Nikita avait eu l'impression que Iounker était né pour de nobles exploits, qui n'avaient pas leur place dans ce fragment donné de l'histoire. Quand il avait dit cela à Iounker, celui-ci s'était moqué de lui toute la soirée, le traitant de "collégienne exaltée".

Ce n'était pas que Nikita fût tombé très loin. Simplement, Iounker avait une allergie chronique aux grands mots. Il ne supportait pas le pathos.

Moscou célébrait le 8 Mars**, la fête la plus importante pour les hommes de ce pays, par une chute de neige qui, à l'approche du sol, se transformait

* Petite rivière à Moscou.

** Journée internationale de la Femme, fêtée en Russie depuis l'époque soviétique.

en première pluie de l'année. Même Nikita n'avait pas envie de sortir de chez lui. Aussi fut-il fort étonné quand Iounker apparut sur le seuil de son appartement à Altoufievo.

Iounker tenait une bouteille de vin dans chaque main, il avait le teint blême et un air décadent mais était d'humeur extrêmement résolue.

— Allez, l'expert en Russie contemporaine, viens, allons-y, tu vas me la faire visiter, dit-il et, de l'une des bouteilles, il désignait la fenêtre où s'agitaient des arbres dépouillés s'efforçant de saisir d'insaisissables lambeaux de nuages. Aucune objection ne sera prise en compte, je suis définitivement égaré aujourd'hui dans la forêt de la vie, et il m'est indispensable de descendre aux enfers où tu seras mon Virgile. Tu en connais tous les coins et recoins, non ?

Nikita avait compris qu'il était inutile de discuter et il entreprit de nouer les lacets de ses chaussures. Sur le palier, s'appuyant du front contre la porte de l'appartement voisin se tenait un citoyen quelque peu éméché, une maigre branche de mimosa serrée dans une main. De l'autre, il tentait vainement de trouver la sonnette. Les accès d'une tempête intérieure secouaient son corps et empêchaient ses doigts de tomber sur le bouton.

— La voici bien, ma patrie, elle est là, saoule comme une barrique et sur le point de s'affaler à quatre pattes, prête à se mettre à bêler, dit sèchement Iounker.

Ce qui déjà mit Nikita mal à l'aise.

— Ce n'est pas permis de regarder si méchamment ! Essaie donc avec mansuétude. Aussitôt tout prendra un aspect différent.

— "Aime-nous bien noirs, n'importe qui peut nous aimer tout blancs", répondit Iounker irrité.

On a lu ça, oui, on connaît ! Explique-moi donc comment il est possible d'aimer quelque chose de pareil dans la réalité, hein, pas dans les livres ! Toute ma vie j'ai essayé, eh bien non, je n'ai pas réussi ! Allez, raconte, comment tu vois ça, *toi* ?

— Je ne sais pas, fit Nikita troublé. C'est la fête aujourd'hui, non, il a félicité les femmes à son travail, il a porté des toasts, offert des cadeaux, et voilà, il n'a pas bien calculé. Mais quand même il apporte des fleurs à sa femme, il n'a pas oublié, ça veut dire qu'il l'aime. Ce mimosa vraiment, il a une telle allure, on a l'impression que le type a traversé la moitié du globe avec, en surmontant d'insurmontables obstacles...

— Aah oui, la moitié du globe du vestibule jusqu'au kiosque à bière, et l'autre – du kiosque à chez lui ! L'immensité du monde !

— Pourquoi tu es comme ça ?

— Parce que ça me fait mal pour notre grand Etat. Et ne viens pas me citer un autre classique ! Du genre : "Je vous le dis en vérité, ne jugez point, et vous ne serez point jugés." Je ne crains pas le tribunal ! Je peux répondre de tous mes actes et de toutes mes paroles ! Au contraire de *celui-ci*. Je n'ai pas déshonoré mon pays, je ne me suis pas traîné dans la boue du caniveau !

Le petit homme sentit qu'on parlait de lui et il émit un son menaçant tout en tâchant de se tourner du côté de Iounker. Son corps, toujours plus tendrement pressé contre le montant de la porte, se refusa à bouger. Ils se mirent à descendre en silence.

Comme par un fait exprès, à l'étage au-dessous gisait un autre habitant de l'immeuble que, grâce à sa jupe retroussée, on pouvait reconnaître comme étant une personne de sexe féminin. La créature était consciente et, malgré sa position allongée, manifestait le besoin de communiquer. Iounker en eut un haut-le-cœur.

— Tu pourrais au moins te couvrir un peu, ma beauté !

— Voyez-vous ça, il en a dans le crâne celui-là ! Ne joue pas Monsieur Je-Sais-Tout avec moi, parce que moi, je vois tout ! Je vois tout ! Tu as des mouches qui s'enculent dans ta tête ! répliqua la belle avec impudence.

— Alors, l'avocat du diable, que vas-tu me dire à propos de "celle-ci" ?

— En tout cas, même là, elle ne perd pas le sens de l'humour, sourit Nikita, que les mouches dans la tête avaient mis en joie.

Iounker, à en juger par son expression, voulait rétorquer quelque chose de mortellement fielleux, mais il y renonça et recommença à descendre. Sur le mur, on avait écrit au marqueur noir : "La révolution, c'est toi !" et, à côté : "Braves gens, jouez du luth ! Le reste vous sera donné de surcroît."

— Original, remarqua Iounker d'un ton lugubre.

En haut, la voix glapissante d'une femme vociférait quelque chose à propos de la police. Les paroles s'accompagnaient de chocs sourds.

— C'est sa femme qui le met à la porte. Elle a d'avance rassemblé ses affaires dans des sacs, et maintenant elle les jette sur le palier. A toutes les fêtes, c'est la même histoire, dit Nikita, l'oreille tendue. Iounker ne fit aucun commentaire.

Sur le perron, ils débouchèrent la bouteille et sortirent sous la pluie. Dans une flaque, contre un réverbère, flottaient de petites touffes jaunes de mimosa : l'héroïque pèlerin s'était manifestement heurté là à certains obstacles particulièrement infranchissables.

Nikita voyait pour la première fois Iounker boire directement au goulot. Il avait en le faisant cet air farouche et crâne de Mitia Karamazov s'adonnant à la débauche pour échapper à sa passion maudite. Mais Nikita préféra ne pas poser de questions. Il était évident qu'ici, la passion ne s'incarnait pas dans quelque jeune personne aux nattes châtains.

A un arrêt d'autobus, un triste provincial, qui avait tout d'un chimpanzé rasé, menait un dialogue houleux avec l'obscurité qu'il appelait tantôt sale pute, tantôt Oljka.

— Oljka, sale pute, reviens, je vais te faire ta fête, moi ! grommelait tendrement l'homme au crâne rasé, que l'excès de ses sentiments faisait tituber. OLJKA ! rugit-il soudain, et tout le quartier fut ébranlé par cet appel de mammouth en rut. *Sale pute !* Moi qui voulais parler un peu avec toi de façon *hu-mai-ne.*

L'obscurité ne réagissait pas, elle chuintait mystérieusement du bruit mouillé de la pluie sur l'asphalte dégelé, et soupirait languissante sous les pneus des automobiles.

— Tu es déjà allé à l'Ermitage un jour ? demanda Iounker inopinément.

Nikita fut troublé une fois de plus. Evidemment, il était allé à l'Ermitage, mais avec Iassia. Et l'évoquer aujourd'hui était, pour ainsi dire, spécialement dur. Depuis le début de la soirée, Nikita luttait vaillamment contre le désir qu'il avait de composer son numéro.

Les étudiants pouvaient entrer à l'Ermitage sans payer. Et Nikita et Iassia se cachaient des longues pluies de Piter parmi les sarcophages. Et il y avait aussi là-bas des toilettes gratuites, où Iassia un jour abandonna une bible rédigée en finlandais qu'ils avaient eu envie de voler dans une église catholique où ils étaient allés écouter de l'orgue.

Or, il s'avéra que les bibles, on les distribuait gratis. Ils durent quand même prendre le livre, désormais dénué pour eux de tout intérêt, et puis se traîner avec dans la touffeur de l'air, le long des interminables "lignes" de "l'Ile*", en se lisant les kyrielles de voyelles pour se donner du courage l'un à l'autre.

Iassia, pas si bête, était enfin ressortie des toilettes de l'Ermitage, sans le lourd bouquin, mais Nikita remarqua la chose et il lui avait crié de loin, suscitant l'attendrissement de visiteurs dévots :

"Iassia ! La bible, tu l'as oubliée !"

Iassia avait grimacé, mécontente, et était retournée chercher les Saintes Ecritures qu'ils offrirent par la suite à un tout jeune photographe étudiant le finlandais. Il s'appelait quelque chose comme Vassia ou peut-être Pietia. Ils avaient fait connaissance dans le jardin Mikhaïlovski où ils avaient dormi sur des bancs voisins et, après, ils s'étaient promenés dans le Piter de l'aube et avaient fait des photos de réverbères voguant dans le ciel rose comme les bathyscaphes d'hôtes étrangers.

Tout cela, Nikita eut le temps de l'évoquer tandis que Iounker lui expliquait "qu'il est possible, évidemment, de noblement aspirer à se trouver avec son peuple là où ce peuple, hélas, passe son temps, mais que cela ne signifie en aucune façon qu'il faille devenir aussi peu cultivé et peu civilisé que lui et que donc il vaut quand même la peine de passer un moment dans le plus important musée du pays".

Nikita promit d'aller faire un tour à l'Ermitage, absolument, et ils continuèrent leur chemin, sans

* "L'île" Vassilievski à Saint-Pétersbourg est quadrillée de rues et de canaux. Chaque rue perpendiculaire au canal s'appelle une "ligne".

quoi Iounker ne pouvait faire un pas de plus, tant il était indigné.

— Quand on regarde des tableaux anciens, ou des sculptures, les visages représentés paraissent fort étranges. Tu n'en as jamais vu de pareils dans la vie, poursuivait Iounker un peu rasséréné. Et cela vient sans doute, non du degré de savoir-faire de l'artiste et de sa capacité "à peindre ressemblant", mais du fait qu'autrefois les gens avaient effectivement des figures différentes. Je l'avais remarqué étant encore enfant. Cependant, plus tard, je parcourais l'Ermitage un jour et, dans un adolescent en marbre de la période du déclin de l'Empire romain, j'ai reconnu un camarade de classe, trait pour trait. Je me suis mis à regarder très attentivement, et j'ai retrouvé comme ça encore deux ou trois connaissances à moi. Alors soudain j'ai réalisé que ces visages ne suscitaient pas d'étonnement en moi, je les voyais quotidiennement dans le métro et dans les rues ! Des visages marqués du sceau de la dégénérescence.

Iounker but une grande gorgée de vin et alluma une cigarette. Nikita s'était retourné et il vit l'interlocuteur de l'obscurité et son Oljka maintenant matérialisée, étroitement enlacés, debout au beau milieu de la chaussée. Les voitures contournaient le petit couple et exprimaient leur solidarité par des appels de phares et des coups de klaxon coquins.

— Je ne peux pas regarder cela calmement ! s'exclama Iounker, à propos de la décadence et de la dégénérescence, et non des étreintes contraires aux règles de la circulation. En chacun, ou presque chacun, le mort saisit le vif. Regarde autour de toi ! Seul un idiot de ton espèce est capable de voir des hommes dans ces chairs pourrissantes. Le sens de l'humour ne l'a pas abandonnée, voyez-vous ça ! Par contre, pour ce qui est de la figure humaine, elle a bel et bien tiré sa révérence.

Nikita n'avait pas relevé le mot "idiot", par contre il se sentit ulcéré pour les autres. Iounker, sur qui se déversaient des torrents de pluie, ne le remarqua pas.

— Mais, tu le sais, je n'aime pas me désoler dans le vide. Il faut agir. Ni la science, ni l'art, et le politique encore moins, ne pourront s'opposer à cette dégénérescence. Il n'y a que l'Eglise et l'école. Je ne peux pas devenir prêtre, car je n'ai pas de religion, par contre instituteur, absolument. Il faut faire la chasse à cette entropie quand elle est encore à l'état d'embryon, sinon cela n'a pas de sens. De plus, ils ont changé la loi, l'appel sous les drapeaux me guette, or je ne veux pas aller à l'armée, c'est sale là-bas. – Iounker, ceci était inattendu, parut confus, il poussa un soupir et dit, sans regarder Nikita : J'ai décidé d'aller à Gorinskoie, il y a bien une école là-bas, non…

Ils faisaient le chemin du retour en silence. Mais le cœur léger désormais. Une voiture de police était arrêtée devant l'immeuble. Un vaillant gaillard, l'agent du quartier, sortait sur le perron en compagnie du malheureux voisin de Nikita. D'une main, le flic soutenait le client qu'il avait sous sa tutelle, de l'autre, il se coltinait les lourds baluchons. Les hommes vitupéraient "la sale race des bonnes femmes" et se préparaient à boire un coup à l'occasion du 8 Mars. Dans une main, le petit bonhomme continuait à serrer le mimosa.

… Par la suite, Nikita avait plusieurs fois téléphoné à Gorinskoie, au bureau du kolkhoze, où se trouvait l'unique appareil. Il parlait avec Gricha qui lui rendait compte de toutes les nouvelles du village.

L'hiver s'était terminé normalement. Le père André avait dû à plusieurs reprises prendre de l'argent dans la caisse de l'église pour payer les dettes les plus urgentes du kolkhoze. Par exemple, aux "énergéticiens", ces suppôts de Satan, qui avaient menacé de priver l'école de lumière.

Taïssa Iossifovna était en bonne santé, et commandait à la ville les graines de curieuses fleurs du Sud pour les semer dans plusieurs potagers de Gorinskoie laissés à l'abandon.

Vania avait terminé son roman, il en voulait à Nikita de ne pas passer leur rendre visite, et il avait institué une nouvelle mode : cracher par le trou laissé par deux de ses dents de devant qui étaient tombées.

— C'est qu'il devient un vrai chenapan en grandissant ! s'inquiétait Gricha, avec des intonations d'authentique commère de village.

— Et Iounker ? demandait Nikita en souriant à l'appareil.

— Ah, oui, le Sierioga ? Eh bien, il vit en célibataire, sans fréquenter personne, et ne fait qu'arpenter les bois. Il dit… attends, je retrouve le papier tout de suite, je l'ai noté exprès pour toi, oui c'est ça, une phrase diablement savante… Il dit qu'il a "entamé un dialogue sans fin avec le monde d'avant le texte". Effrayant, non !?

25

A l'entrée du métro, une quantité de monde inusitée se languissait d'attendre. Les boyaux du monde souterrain étaient secoués par un déchaînement de passions. Le foyer du scandale se situait au niveau des tourniquets et l'incendie se propageait par vagues le long du corps grisâtre de la foule. Les derniers rangs, auxquels s'était joint Nikita dans l'intention d'aller rendre visite à Rochtchine, n'étaient atteints que par des étincelles sporadiques.

— J'ai fait la guerre ! Et toi, tu l'as faite peut-être ? Laisse-moi passer ! criait une voix âgée.

— Je n'ai pas le droit ! se tuait à répondre une femme au timbre perçant.

Ayant absorbé une portion de passagers, les portes s'étaient refermées. La queue de la foule, laissée dans la rue, s'enfonça dans le silence du jour naissant. Une goutte tomba du ciel sur le visage de Nikita et se coula le long de sa joue jusque dans son col en le chatouillant.

Les portes s'ouvrirent à nouveau et, des entrailles de la terre, jaillit une plainte déchirante :

— Comment n'avez-vous pas honte ?!

— Qu'est-ce qui se passe ? demanda Nikita à son voisin.

— Tu ne regardes pas la télé ? lui répondit aussitôt d'une voix furieuse un homme à la chapka mouillée en poil de chien.

Nikita n'avait pas de téléviseur.

— Depuis le 1er, ils leur ont supprimé leurs avantages, désormais les retraités doivent payer dans les transports, et ils n'ont pas de quoi, expliqua à Nikita une dame loquace portant de grandes lunettes. Ça va vraiment se passer comme ça chaque jour maintenant ?

— Non ! assura le pessimiste en toque de chien. Encore pire ! Nous sommes d'ailleurs en général à la veille de choses terribles !

Le métro banda ses forces et les aspira à l'intérieur. La joute verbale devant le tourniquet dégénérait en crise de nerfs.

— Bon, je vais payer ! disait la voix éreintée d'un grand-père qui tirait un sac à roulettes. Je vais te le donner, ce sale billet de dix, puisses-tu t'étrangler avec ! Et après j'irai me coucher sur les rails !

— Non, c'est moi qui vais y aller, et tout de suite ! reniflait en ravalant des sanglots la femme en uniforme qui, de sa vaste poitrine, barrait le passage. Mais comprenez à la fin, ce n'est pas moi qui vous empêche de passer. C'est le gouvernement qui a adopté une loi comme ça !

— Non, c'est précisément toi qui ne nous laisses pas passer !

— Oh, et puis faites ce que vous voulez !

La femme fondit en larmes et se retira du passage. Les gens se précipitèrent. Le bouchon commençait à se résorber. Quand un policier à la stature imposante se dressa soudain sur le chemin des retraités.

— Dis-moi un peu, grand-mère, pour qui tu l'as apposée ta petite croix aux élections ? Pour Poutine ? demanda-t-il perfidement à une petite vieille toute cassée en deux.

— Pour lui, le brave ! Pour qui d'autre sinon ? répondit la grand-mère avec empressement.

— Eh bien voilà, tu vas à la caisse et tu achètes ton billet ! aboya brusquement l'agent de toute la force de ses poumons de défenseur de la loi. La prochaine fois, tu réfléchiras pour qui voter. Si tu vis jusque-là !

— Regarde, regarde ! – Un jeune, qui avait une tendance à l'embonpoint et un début de calvitie, donna un coup de hanche à Nikita. – Il monte les gens contre les siens ! Ils ont supprimé ses avantages à la police aussi, les imbéciles ! La police affamée, et l'armée encore pire – c'est la fin. Qu'il arrive quoi que ce soit, elles passeront aussitôt du côté des insurgés. Et ça va bientôt commencer. Si ce n'est aujourd'hui, c'est demain qu'ils se mettront à bloquer les routes. Parole d'observateur politique !

L'intuition du journaliste ne l'avait pas trompé. On commença à bloquer les routes le jour même. Nikita l'entendit dire à la radio alors qu'il était déjà dans le train. Le wagon tout entier ne dormit pas de la nuit.

— A bas la clique à Zoubarov ! scandait un petit type en maillot de corps avachi, et il frappait sur la tablette avec son porte-verre métallique*.

— Exactement ! Sa voisine approuvait chaleureusement, sans toutefois oublier de sauver de ses coups son poulet emballé dans du papier d'aluminium : Ce Zoubarov, il faut l'écarteler sur la place Rouge, il pique leurs kopeks aux indigents dans leur chapka !

* Le thé, longtemps boisson favorite des Russes, étant bu bouillant dans un verre, le porte-verre en métal à anse, souvent ouvragé, permet de ne pas se brûler.

— Seigneur, mais comment on va vivre alors ? psalmodiait, en porte-à-faux avec le ton général, une vieille de la campagne coiffée d'un fichu qui lui descendait jusqu'aux sourcils. Y a plus qu'à mourir le plus vite possible, m'est avis !

Nikita s'était senti coupable.

26

Le berceau de la révolution russe l'accueillit à huit heures du matin avec un Nevski privé de tout moyen de transport et une Sadovaia paralysée. Des milliers de vieilles gens se tenaient sous la maigre petite pluie d'automne, au beau milieu de la chaussée. On entendait sans cesse la sonnette des tramways tinter nerveusement. Les vieux restaient immobiles, en silence.

On aurait dit qu'ils avaient passé là toute la nuit. Qu'ils ne bougeraient plus jamais de cet endroit, qu'ils ne se disperseraient pas pour rentrer chacun chez soi, ne prendraient pas le tramway qui roulait bruyamment à vide en direction de l'Okhta, qu'ils n'achèteraient pas leur pain frais à la boulangerie en entresol de la place de Kazan.

C'était comme s'ils avaient déjà pris leur place dans l'éternité, sous le ciel inaltérable de Piter, comme ces troupeaux d'anges verts sur les toits des palais inhabités, comme ces étranges visages de pierre qui ont l'air de traverser les murs sur l'île Vassilievski, comme ces lions au nez cassé, gardiens de portes que n'a jamais franchies le pied de l'homme.

Nikita sentit un ressort se coincer en lui. Qui par la suite resta ainsi, sans plus jamais se détendre. Dans la foule, il se heurta à Rochtchine, la mine sombre. Sans dire mot, ils se serrèrent la main, et bifurquèrent sous un porche vers les arrière-cours.

Un rat bien gras se jeta carrément sous leurs pieds, fouettant de sa queue avec l'avidité d'une bête de proie la poussière phtisique de Piter. Du ciel tomba un mégot fumant encore.

— La voilà, la révolution que nous attendions tant, dit Rochtchine d'une voix sans timbre. Je vais, je viens ici, j'écoute. La musique de la révolution, dont a parlé Blok. Elle n'est pas belle cette musique. Toute la boue est remontée à la surface. Ils déambulent, font des sermons. L'un annonce la fin du monde, un autre raconte des histoires à dormir debout à propos de tsarévitchs ressuscités, et un troisième sur les extraterrestres. On s'attendrait presque à voir surgir d'un instant à l'autre l'étudiant Stavroguine au coin de la rue, suivi de son escorte pouilleuse. Et se mettre à distribuer des tracts.

Nikita était incapable de se forcer à dire un mot. En silence, il entraîna Rochtchine, et ils retournèrent sur le Nevski. Rochtchine se rembrunit de nouveau.

Le nombre des petits vieux au carrefour avait encore augmenté. Ils n'étaient plus silencieux maintenant.

— Avant-hier, après que nous sommes descendus dans la rue pour la première fois, ils avaient déjà commencé à me menacer. Je rentre chez moi, et eux ils me suivent, ils roulent derrière moi et m'invectivent. “Tu es la meneuse, nous t'avons repérée !” racontait une grosse femme âgée, un poing sur la hanche. Et puis hier, comme je partais d'ici, ils s'approchent, à deux voitures cette fois. Ils ont bondi, ils étaient bien six. Pour une seule vieille femme ! Ils m'ont tordu les bras dans le dos en disant : Tu es faite, sale pute. A moi, hein !

A moi, qui vais sur mes soixante-dix ans ! Et ils m'ont traînée le long des marches jusque dans le commissariat, ils se sont mis à me tabasser. Avec leurs matraques. Ils n'arrêtaient pas de tomber sur les cicatrices, celles qui me restent de mon opération. Quand je mourrai, je verrai encore ces faces rigolardes de fascistes !

— C'était quel commissariat ? Vous vous rappelez ? intervint soudain Rochtchine.

— Et comment je pourrais ne pas me rappeler ? C'était le nôtre, le 79, sur la Sadovaia.

— Je le ferai sauter ! dit Rochtchine lugubre. Si je n'avais pas ma fille, il y aurait longtemps que je lancerais des bombes. Mais c'est égal. Quand elle aura grandi, je leur réglerai leur compte à tous ! Ce n'est pas avec des mots qu'on leur fera entendre raison !

— Oh, mais me voilà avec un ange vengeur ! – La femme avait du mal à sourire. – Toi, ta tâche est de faire en sorte que tes enfants aient une conscience ! Pour qu'ils n'aillent pas briser les côtes aux vieilles à coups de gourdins ! Ou qu'au moins, ils leur cèdent leur place dans le tram !

— Patience ! Ce qui se passe maintenant, c'est l'agonie. La Fédération de Russie est moribonde ! Il est grand temps qu'elle passe ! Un empire aux pieds d'argile ! commença soudain à vociférer un gros rouquin, qui serrait sur sa poitrine une carte postale représentant le monastère de Solovki*. Qu'elle aille au diable, la Fédération de Russie ! Notre patrie, c'est la vieille Russie septentrionale, là-bas est la vie ! Là-bas est l'espoir ! La source de l'Histoire à l'œuvre. Là-bas se trouve notre

* Monastère sur les îles du Grand Nord, à cent soixante kilomètres du pôle, où fut installé le premier goulag.

royaume mythique, auquel il nous faut accéder, le domaine des utopies, dans la libre cité de Novgorod, dans les églises en bois, dans les légendes du pomorié !

Derrière la foule, une voiture noire de marque étrangère munie d'une sirène donna un coup de frein. Un homme, qui portait sur son visage sa qualité de député du peuple, en sortit nonchalamment et se mit à lancer de l'argent tout autour de lui. La foule se replia dans sa direction en bourdonnant bruyamment. Le rouquin s'était retrouvé seul. Il regardait de tous côtés et bramait :

— Où allez-vous ? Hommes de la vraie Russie ! Slaves ! Où est votre fierté de Russes du Nord ! Arrêtez-vous !

Mais personne ne l'entendait déjà plus.

Un grand jeune garçon se jeta vers le député en criant : "C'est une honte !" Il avait réussi à attraper au vol un billet de cinq cents roubles, et voulut le déchirer. D'un mouvement imperceptible, un garde du corps, semblable à une armoire à glace fourrée dans un veston, fit tomber le garçon sur l'asphalte, du genou il l'y maintint un peu, lui retira le billet, l'air écœuré, le défroissa soigneusement et le plaça dans sa poche de poitrine.

Le député grimaça de mépris, et entreprit de lancer des billets de mille. Nikita avait aidé le garçon à se relever.

— Ça fait mal ! Ça fait mal ! répétait celui-ci en s'ébrouant et en se mordant la lèvre.

— Il a rudement appuyé ? demanda Rochtchine.

— Ce n'est pas de ça que je parle ! répondit l'adolescent avec un geste de dépit et il répéta, en regardant Nikita dans les yeux : Ça fait mal !

Nikita acquiesça en silence, d'un hochement de tête.

— Eh bien moi, je m'en fiche que ça soit honteux ! Je m'en fiche de l'honneur et de la dignité ! Quand on n'a rien à manger, on ne pense pas à ça ! se défendait contre Dieu sait qui un petit vieux d'allure furieusement sémite. J'ai attrapé trois billets avant qu'ils ne commencent tous à s'écraser les uns les autres. Ça fait plusieurs fois ma retraite ! Alors qui doit avoir honte ? Moi ? Ou ceux qui m'ont réduit à ça !

— Comment peuvent-ils nous faire ça ? Comment ? approuvait une vieille femme en fichu noir. Qu'avons-nous fait de mal ? Nous avons gagné la guerre, nous avons relevé le pays de ses ruines. Toute notre vie nous avons travaillé dur pour l'avenir. Et le voilà, l'avenir ! On nous a jetés aux ordures, allez, dépêchez-vous un peu de mourir !

— Mais vos propres enfants, eux, ne vous ont pas abandonnés ! intervint de nouveau Rochtchine. C'est bien plus important que l'Etat !

— Pour vous, peut-être qu'il en est ainsi, réagit une petite vieille toute noiraude. Vous vivez pour vous, mes chers petits. Mais nous, écoute un peu comment ça se passait : je travaillais jusqu'à la nuit avec ma petite fille toute seule à la maison, mon mari, il n'était pas revenu du front. Tu rentres chez toi, tu t'écroules, et le lendemain matin, de nouveau, allez debout, au premier coup de sirène, et en avant. Moi, l'imbécile, j'avais l'impression d'être responsable de tous les enfants soviétiques, alors voilà, je m'esquintais. Ah, quelle idiote, quelle idiote ! Ma fille à moi grandissait comme une orpheline, je ne la voyais que dormir. Et c'est comme ça que j'en ai fait une malheureuse. Ses maris, l'un après l'autre, l'ont abandonnée avec les gosses sur les bras. D'elle il m'est resté trois petits-enfants. Ah, si j'avais su que ce serait comme ça…

La vieille femme s'était mise à soupirer, elle s'essuyait les yeux.

— Donc vous, la trahison de l'Etat, vous la ressentez comme une chose profondément personnelle, parce que..., avait entrepris de résumer Rochtchine.

Nikita lui donna un coup de coude et Rochtchine s'interrompit, confus.

La femme continuait à raconter sans plus s'adresser à personne :

— Elle est allée travailler comme moi, mon Olga, à la même usine. Mais, en 1996, ils ont arrêté de payer les salaires là-bas, on est restés six mois sans voir un sou vaillant. Les petits et moi, j'étais déjà à la retraite à l'époque, on allait du côté de Gostinny Dvor vendre des livres. Pas les vendre d'ailleurs, le plus souvent on échangeait contre de la farine. Un jour, on est rentrés, et Olga était pendue dans la cuisine, elle n'avait pas supporté. "Je ne peux pas voir leurs yeux affamés", avait-elle écrit dans le mot qu'elle a laissé. Après, tous les journaux en ont parlé, ça a fait du bruit, ils ont aussitôt trouvé l'argent pour les salaires. Ils ont même payé l'enterrement. Mais moi, je déambulais dans la cour, je riais, je regardais cet argent maudit, et je riais. Les voisins ont eu du mal à me calmer...

— Pardonnez-nous, dit doucement Nikita, qui sentait la terre se dérober de nouveau sous ses pieds.

— Mais toi, mon garçon, tu y es pour quoi ? sursauta la vieille.

Rochtchine, sentant venir le malaise, avait saisi Nikita par le coude et l'entraînait hors de la foule. Nikita se concentrait pour avancer l'une après l'autre ses jambes en coton, mais il oublia bientôt comment on fait, s'embrouilla, et tomba sur les genoux.

“Iassia”, avait-il eu le temps de penser, puis le Nevski se dressa devant lui à la verticale, tandis que le ciel s’était incliné et commençait à s’écouler dans son œil gauche.

Il revint à lui assis contre une colonne couverte de publicités. A ses côtés, Rochtchine fumait, sinistre.

— Ils s’en vont à Moscou chercher justice. A pied. Ça me dépasse.

Nikita avait essayé de se lever.

— Où tu vas ? Reste tranquille maintenant, voyons !

Rochtchine l’avait agrippé par son blouson et les jambes de Nikita fléchirent.

27

Et là il les vit. Ils s'étaient regroupés à quelques mètres de la colonne. L'expression de leurs visages ne laissait aucun doute sur le fait que précisément ces gens-là avaient décidé d'aller à pied à Moscou. Ils ne parlaient pas. Nikita remarqua parmi eux la femme passée à tabac au commissariat, et aussi celle dont la fille s'était pendue.

Sans que la foule s'en aperçût, ils se mirent lentement en marche dans la direction du boulevard de Moscou. Nikita et Rochtchine avaient bondi. Ils se précipitaient à leur suite.

Sur la place au Foin, un vieil homme en imperméable clair eut un malaise. Il s'éventait de sa paume aux doigts écartés et sa bouche impuissante cherchait l'air en vain.

— C'est quoi ? Quoi ? le pressait Nikita. Le vieillard se frappait la poitrine du doigt : Le cœur ?

Le vieux faisait oui de la tête. Nikita courut dans une pharmacie.

— Plus vite, plus vite, ils vont s'en aller ! répétait le vieil homme en lui arrachant des mains la boîte de Valocardine. Ils vont partir sans moi, ça il ne faut pas !

— Peut-être qu'il vaudrait mieux rester chez vous ? suggérait Rochtchine.

Le vieillard le foudroya du regard. Et fronça les sourcils.

Nikita avait une nouvelle fois couru à la pharmacie, et il y acheta, pour tout l'argent qu'il avait encore sur lui, une quantité de cachets pour le cœur et la tension. Il savait qu'il était inutile d'essayer de les convaincre de faire demi-tour.

Lorsqu'il revint, Rochtchine était en train de démontrer quelque chose aux gens de la télévision arrivés entre-temps sur les lieux, quant au vieillard, il avait cessé d'agiter la main et essuyait la sueur de son visage avec un grand mouchoir à carreaux. Un opérateur, un homme petit, en maillot de baseball rouge, bondit vers lui et, s'étant accroupi, se mit à filmer.

— Je suis un vétéran de la Grande Guerre patriotique*. Trois blessures. L'ordre de Staline à la bataille de Koursk. J'avais à peine le temps de sauter de nos tanks en flammes, combien j'en ai eu des leurs, je ne me souviens pas, racontait le grand-père sans quitter la caméra des yeux. J'estime que vous, qui êtes là au jour d'aujourd'hui, c'est en partie à nous que vous devez de vivre en paix sans connaître la faim, à moi, et à mes camarades de combat, ceux qui ont péri et ceux qui en ont réchappé. Je veux vous rappeler le respect dû aux aînés. C'est pourquoi je vais à Moscou, au Kremlin... Je m'appelle Matvieï Ivanovitch Noskov.

L'équipe de la télévision s'entassa dans sa voiture, on installa Matvieï Ivanovitch sur le siège avant, et ils partirent rattraper les autres marcheurs. Rochtchine et Nikita y allèrent en tramway.

— Je ne sais pas pourquoi, tous les vieux ont toujours des mouchoirs à carreaux, dit Rochtchine. Et ils firent en silence le reste du trajet.

* C'est ainsi qu'on désigne en Russie la Seconde Guerre mondiale.

Le soir, ils avaient déjà gagné la grande route. Le dernier espoir de voir les vieux s'arrêter et rester en ville s'était évanoui.

Ils étaient neuf : sept grands-mères et deux grands-pères. Les médailles astiquées renvoyaient les feux du couchant. Il commençait à faire froid.

Nikita et Rochtchine marchaient à quelque distance, ne se décidant pas à s'approcher, et encore moins à engager la conversation.

Les retraités résolurent de passer la nuit dans un abribus. Ils s'assirent en rang d'oignons sur le banc et inclinèrent leurs têtes. Nikita s'était rendu au village le plus proche chercher de quoi manger. On ne lui avait rien donné : des vieux qui marcheraient de Pétersbourg à Moscou, on n'y avait pas cru.

28

A l'aube, ils étaient remontés en scène, comme le dit l'ancien du front, Matvieï Ivanovitch Noskov. La nuit glacée avait dévoré cette ligne invisible qui, la veille, séparait les vieux des jeunes. Ils marchaient tous ensemble. Une détermination farouche s'était emparée de Nikita, il n'était plus intimidé, n'avait plus honte de lui, de sa jeunesse ni de sa santé.

Il prenait le bras tantôt de l'un, tantôt d'un autre, et les interrogeait patiemment sur tous les détails de leurs existences. Il avait envie de se les incorporer, de les transvaser comme dans un récipient plus résistant. De les fixer dans sa mémoire et de les porter quelque part, de les conserver. Où, Nikita ne le savait pas. Les vieillards, eux, l'avaient tout naturellement adopté en tant que chroniqueur.

Vers le soir, Nikita avait distribué ce qui restait de cachets. Ils marchaient maintenant avec une extrême lenteur. Et le froid les pénétrait. Mais personne ne se plaignait.

— Nous avons été éduqués par la guerre, dit Matvieï Ivanovitch sans une once de pathos quand Rochtchine émit quelque chose à propos de la force d'âme. Nous savons mourir avec dignité.

— Mais quand même, je ne comprends pas, pourquoi allez-vous là-bas ? demandait nerveusement

Rochtchine, qui s'était finalement lui aussi résolu à parler. Car enfin vous savez aussi bien que moi que cela ne changera rien !

— Tu penses que nous allons au Kremlin ?

— Et où sinon ?

— Vers toi, dit le grand-père à l'improviste et il considéra fixement Rochtchine. Et vers lui aussi là-bas, vers Nikita. Vers vous. Toi, tu pensais qu'on allait trouver le tsar en quête de justice ? Ce serait lui faire trop d'honneur !

Au coucher du soleil, des gens de la télévision arrivèrent de nouveau. Nikita était écœuré de les voir choisir le meilleur angle pour filmer des vieillards qui parvenaient à peine encore à tenir debout.

— Tournez-vous un brin, le soleil gêne, disait un correspondant plein d'énergie, en faisant tourner comme un mannequin une vieille femme à bout de forces. Dites, quel est le but de votre "action" ? Qui l'a planifiée ? Est-il vrai que ce sont les communistes qui vous ont payés ?...

Nikita se saisit du micro.

— Vous êtes aveugles ou quoi ? s'écria-t-il, happé par une sorte d'abîme. Vous ne voyez pas ou quoi ? Ils vont "à leur mort", là ! Mourir ! Quels communistes ? Quelle "action" ? Ils dorment sur la terre nue ! Mais enfin ce sont vos grands-parents, vraiment cela vous est égal ?!

— Ah-ah, d'accord, se ressaisit le correspondant qui, un instant, était resté quelque peu déboussolé. Donc, c'est vous l'organisateur ici ! Eh bien, dites-nous, pour qui travaillez-vous ? Qui vous donne l'argent ?

Nikita parvint à se maîtriser et répondit, aussi calmement qu'il le pouvait :

— J'avais deux cents roubles, avec quoi j'ai acheté des médicaments pour le cœur et contre la tension, et nous n'en avons déjà plus à cette heure. Vous tous ! Les gens ! Faites quelque chose ! Apportez au moins des couvertures !

Il s'étrangla, fit un geste découragé, et s'éloigna de la caméra.

Une jeune stagiaire au nez retroussé et aux courtes tresses fondit en larmes et s'enfuit dans le minibus de la télévision. Puis elle revint, fourra dans les mains de Nikita un paquet de sandwiches emballés dans du papier et, ravalant ses sanglots, elle jura que maintenant pour rien au monde elle ne deviendrait plus journaliste, mais allait suivre une formation de travailleuse sociale.

La télévision s'en alla. Le soleil se coucha. Les vieux continuaient à marcher.

A la tombée de la nuit, après que les informations eurent été diffusées, des voitures commencèrent à s'arrêter le long du cortège. Les gens apportaient et des couvertures, et des thermos de thé, et des médicaments. Une ambulance se traînait maintenant derrière eux. Un jeune médecin, l'air sombre, rattrapait périodiquement les vieux, prenait leur tension, secouait la tête, faisait des piqûres.

A trois heures du matin, l'ambulance emporta la femme rouée de coups au poste. Elle avait fait un infarctus. Elle s'appelait Galina Sergueievna Tolmatcheva. Nikita se rappelait sa vie dans les moindres détails. Et la portait plus avant. Le long de la grande route de nuit, de Pétersbourg à Moscou.

— J'ai regardé autour de moi, et mon âme a été ulcérée par les souffrances humaines, marmonnait Rochtchine, butant sur les cailloux et se réfugiant derrière des citations contre l'horreur infiniment réelle de cette nuit.

Cette horreur atteignait Nikita de plein fouet. Sans qu'il s'en protège. Sa raison commençait à le trahir. Au petit matin, il avait entrepris de convaincre les vieux de tout laisser tomber et de partir vivre à Gorinskoie. Le vétéran marchait à l'arrière avec Rochtchine, et Matvieï Ivanovitch soucieux disait :

— J'ai peur qu'il... tu sais... qu'il déraille. Il s'implique trop. Comment pourrait-on lui faire quitter le front ?

Dès les premiers rayons de soleil, une quantité incroyable de minibus dotés d'antennes paraboliques commença à les encercler. Les vieux se tassèrent les uns contre les autres et s'immobilisèrent, dos à dos. Les journalistes accourus leur annoncèrent que le président en personne allait arriver à l'instant et, nerveux, se mirent à disposer les caméras.

Rochtchine tentait de repousser loin des vieux une bruyante jeune personne de la télévision qui voulait leur mettre de la poudre, pour qu'"ils ne brillent pas".

Arrivèrent les voitures de divers fonctionnaires désorientés, tous du même tonneau. Ils prononçaient les phrases convenues, priaient les vieillards de rentrer chez eux.

Apparurent des journalistes étrangers. La correspondante de *Libération* posait avec insistance la même question provocatrice à chacun : "Pour qui fait-il bon vivre en Russie* ?"

L'ambulance emporta la femme dont la fille s'était pendue. Anna Mikhaïlovna Romanova. Elle faisait une crise d'hypertension. Deux heures passèrent dans une attente démente. Tout le monde avait les nerfs usés jusqu'à la corde, réduits à néant, en une petite fumée sans flammes.

* Titre du poème-enquête de Nikolaï Nekrassov (1821-1878).

— Je ne comprends pas ce qui se passe ici ! Je ne comprends pas ! Je refuse de comprendre ! répétait Rochtchine.

Assis sur le bas-côté de la route, et lui tournant le dos, il arrachait l'herbe poussiéreuse du talus d'un geste d'automate.

29

Brusquement, la foule avait tressailli, tous se redressèrent, chacun retint son souffle. Sur la route était apparu un petit bonhomme insignifiant en veston gris.

D'un geste large, il avait enjoint à sa garde personnelle de rester à bonne distance des vieux. Il n'y avait rien à craindre. Avant son arrivée, des hommes en civil avaient fouillé chacun plusieurs fois. Néanmoins, le petit homme ne fit pas mine d'approcher les vieillards. S'étant arrêté l'air réticent à distance respectueuse, il tira sur son petit veston et :

— Alors, comme ça, on a fait un petit voyage ? commença-t-il.

— Comment oses-tu ! avait soudain crié Nikita sans réaliser ce qu'il faisait. Toi ! Toi ! Mets-toi à genoux devant eux ! A genoux !

Les lèvres du petit homme s'étirèrent. A cet instant, Nikita avait frappé sans s'en rendre compte droit sur cette grimace de dérision. Et puis une fois encore, et une autre. Il avait l'impression de frapper une poupée de cire.

"Arrête !" criait quelqu'un à Nikita. Ou bien peut-être était-ce lui qui criait au petit homme d'arrêter de rire.

On avait fait rouler Nikita à terre sur le bitume de la chaussée. Il eut le temps, de façon tout à fait détachée déjà, de s'étonner de la quantité de gardes du corps qu'avait un si petit bout d'homme.

Puis un gouffre s'était ouvert. Nikita volait vers le fond, s'étant perdu lui-même en chemin, il s'enfonçait sans fin. Et sans cesse il lui semblait que ce n'était déjà plus possible d'aller au-delà. Mais il continuait à voler et à plonger.

Après, Nikita avait ouvert les yeux et vu le plafond. Et avait sur-le-champ cligné des paupières pour ne pas distraire sa pensée et vérifier s'il se remémorait les histoires que lui avaient confiées les vieux. Elles étaient toutes bien en place. Alors, Nikita bougea, et il gémit. Sa nuque lui faisait atrocement mal, et ses côtes s'incrustaient dans ses poumons chaque fois qu'il inspirait.

Il avait sombré de nouveau. Quelqu'un le secouait par l'épaule. Un visage inconnu flottait devant ses yeux.

— Où suis-je ? demanda Nikita sans plus de curiosité.

— En prison, lui répondit-on, et on avait ri.

— Arrête ! avait crié Nikita et, une fois encore, il perdit connaissance.

Ensuite, il était revenu à lui quand on lui avait apporté la soupe. Il avait regardé dans la gamelle en aluminium, et s'était de nouveau senti mal.

— Je ne vais pas manger, dit-il à la silhouette floue penchée au-dessus de lui, et puis il avait ajouté, sans s'y être lui-même attendu : Tant qu'ils n'auront pas abrogé cette loi imbécile.

Et il sourit. Il n'avait rien à perdre.

Quelque temps passa. La place manquait maintenant, pour poser des gamelles de soupe qui refroidissait, et on cessa simplement d'en apporter. Et Nikita commença à avoir des rêves.

30

La réalité ne sollicitait presque pas l'attention de Nikita. Au début, il distinguait encore le sommeil de la veille à la tension qu'exigeait l'effort de soulever ses paupières. Ensuite, il n'eut plus la force d'ouvrir les yeux, et les deux mondes se confondirent allègrement.

Un jour, il rêva de Nikolaï Goumilev. Ils allaient, par le dédale des arrière-cours de Piter, à la recherche d'une planque. Mais elles avaient été grillées et ils continuaient à marcher, sous les réverbères poisseux, au travers de l'agitation animale des chaînes sur les portes*.

Goumilev était vêtu de son uniforme à épaulettes, il était chauve et chagrin.

"Ils ont arrêté et fusillé beaucoup de soi-disant espions et de soi-disant conspirateurs, se lamentait Nikolaï Stepanovitch Goumilev. Et moi, qui suis effectivement un espion, et qui me trouvais effectivement à la tête d'un complot ! Si tu savais comme c'est vexant pour moi !"

Goumilev priait Nikita de lui fabriquer une bombe. Nikita refusait, disant qu'il ne savait pas faire, mais Nikolaï Stepanovitch hochait la tête et chuchotait amèrement :

"C'est mauvais ça, aïe, comme c'est mauvais !"

* Allusion à un poème de Mandelstam.

Nikita n'avait pu se retenir de lui demander : "Mais voyons, il y a déjà longtemps qu'ils t'ont fusillé, qu'as-tu besoin de ces bombes, maintenant ?"

Nikolaï Stepanovitch Goumilev s'était senti meurtri, mais avait répondu avec une profonde mélancolie dans la voix : "C'est que je n'étais pas un poète qui participait à un complot. J'étais un conjuré qui écrivait des vers !"

Après, Nikita avait rêvé qu'on le transportait quelque part. Il flottait en se balançant mollement et il lui semblait voir la mer. Mais la mer avait une odeur de médicament. Une vague se penchait au-dessus de lui et prenait l'aspect de Rochtchine.

En blouse blanche, Rochtchine ressemblait au membre de quelque institut de recherche sur la photographie jaunie d'un numéro d'*Ogoniok*. A la vue de Nikita, Rochtchine, l'air renfrogné, avait remis ses lunettes en place sur son nez, et avait dit sévèrement :

— Bon. Peut-être que ça va comme ça avec ces manifestations ostentatoires et exemplaires ? Ta grève de la faim n'est plus d'actualité. Le pays a maintenant besoin de combattants sains et vigoureux, et non de moribonds que le vent suffit à faire plier. Qu'est-ce que tu as à me dévorer des yeux ? Avale plutôt ton bouillon ! Tu n'as pas entendu dire, peut-être, que la révolution a commencé ! Le pays tout entier est sur les barricades, toi seul tu traînes au lit ici ! Allez, reviens à la vie de façon opérationnelle, sinon l'Histoire s'accomplira sans toi !

Nikita avait de nouveau sombré. Revenu à lui, il sauta du lit, arrachant de ses bras les herbes folles des tuyaux parasites. Dans le couloir à demi obscur, il avait buté contre Rochtchine.

— Vite, vite ! Allons-y ! criait Nikita en chuchotant, de peur que, s'ils entendaient sa voix, les médecins n'accourent pour le reclouer au lit.

— On y va ! répondit Rochtchine sur le même ton de conspirateur.

A la sortie, devant l'hôpital, Iounker les attendait, dans sa vieille guimbarde, décorée de drapeaux rouges.

— Iounker, comment se fait-il ? avait demandé Nikita en se raidissant à l'idée d'un mauvais tour de son imagination. Tu es à Gorinskoie, non ?

— Est-ce que je peux vraiment rester les bras croisés au village, alors qu'il se passe ici une chose pareille ! répondit Iounker avec une insouciance qui lui sembla quelque peu excessive, et il mit le moteur en marche.

— Iounker ! – Nikita, appuyé contre la voiture, ne voulait y prendre place pour rien au monde. – Et pourquoi tu as des drapeaux rouges ?! Tu détestes les communistes, il me semble !

— Mère-grand, mère-grand, et pourquoi as-tu une si grande queue ! fit Iounker en éclatant de rire. Qu'y puis-je moi, dis, si la Russie n'a jusqu'ici imaginé d'autre couleur pour la révolution ?!

Nikita était dans un doute extrême. Tout allait trop comme sur des roulettes. Mais, quand il aperçut les barricades les plus authentiques qui soient au bout de la Tverskaia, il se rendit à l'évidence. Les gens tanguaient et glissaient joyeusement sur le toit arrondi des arroseuses qui avaient barré la rue. Ils se tenaient par la main, riaient et regardaient du côté du Kremlin. Iounker avait freiné.

— Ecoute, camarade, peut-être qu'on pourrait rouler jusqu'à la Maison-Blanche, regarder un peu ce qui se passe là-bas ? dit un petit jeune qui avait passé par la vitre sa tête coiffée d'une capuche noire évoquant un agent de la Grande Inquisition.

Autrefois, un tel sans-gêne aurait instantanément fait sortir Iounker de ses gonds. La capuche n'aurait plus eu qu'à se taper à pied le trajet jusqu'à la rue Krasnopresnienskaia. Parce que le métro, expliquèrent-ils en chemin à Nikita, avait été fermé dès les premiers jours, par crainte d'incidents.

Or Iounker, abonni soit par la campagne, soit par la révolution, n'entreprit pas d'enseigner les bonnes manières au garçon, mais lui ouvrit la portière et partit vers la Maison-Blanche.

Le jeune tournait la tête en tous sens et ne tenait pas en place sur son siège.

— Qu'est-ce que tu as à t'agiter comme ça ? s'enquit Rochtchine.

— Enfin, merde, on n'y comprend rien à cette révolution. Qu'est-ce qui se passe ? Où il faut aller ? Qu'est-ce qu'il faut faire ? Ici il y a des barricades, là-bas il y a des barricades, la télévision ne marche pas. Ils disent tous des choses différentes. Dans le bunker, personne. Résultat, il ne faut rien faire du tout. On prend un petit bain de foule, on saute, on court... mais tout ce qui se produit se fait comme de soi-même et vous laisse de côté. Ce n'est absolument pas ainsi que nous nous représentions la révolution. Nous pensions que beaucoup de choses dépendraient de nous. Nous pensions que nous nous battrions à la vie à la mort !

— Eh bien quoi ! Réjouis-toi, bêta, qu'il ne faille pas exposer ta poitrine dans l'ouverture d'une meurtrière* ! Tu es encore un bleu, tu as toute la vie devant toi ! s'exclama Rochtchine.

— Un jeune aussi a droit à la mort !

* Allusion à l'image d'Epinal du sacrifice du fusilier marin Alexandre Matrossov, qui neutralisa de sa poitrine le tir d'une mitrailleuse allemande.

Le gamin énonça avec emphase ce syllogisme qui n'était pas de son cru et lui avait été incrusté dans la tête par la propagande d'un parti ou d'un autre.

— Pourquoi pensez-vous que, parce qu'on n'est pas majeurs, on n'est pas des hommes ?! que nous ne pouvons pas choisir sciemment tout seuls notre voie ?

— Hé ! il ne faut pas me sortir ici à moi des extraits d'interview du "grand chef", l'interrompit Rochtchine. D'ailleurs, ce n'est pas de cela que je parle, si tu as remarqué.

— Et quant aux meurtrières, vous savez, j'aurais préféré succomber dans un combat loyal, plutôt que courir comme un nul entre le siège du gouvernement et la Douma, à essayer de comprendre ce qui se passe. Oui, et pendant ce temps des vampires âpres au gain qui ne valent pas mieux que leurs prédécesseurs, mais n'ont simplement pas encore suffisamment sucé notre sang, sont en fait en train de décider de tout sans nous !

Le garçon se détourna vers la vitre en reniflant. Moscou se mit à flotter devant les yeux de Nikita, s'enroula en cornet, et disparut. Il regarda un petit instant le plafond familier de sa chambre de malade, mais se débarrassa rapidement de ce mirage et refit surface.

Une petite pluie fine lui tombait dans le cou, il avait sous les yeux la Moskova gris plomb. Il était assis sur le trottoir, adossé à la roue de la voiture, Iounker et Rochtchine fumaient un peu plus loin. Le garçon à capuche noire s'était volatilisé.

Devant la Maison-Blanche, il ne se passait rien non plus. Les gens erraient comme des âmes en peine, se demandant les uns aux autres : "Qu'est-ce qui se dit ?" et ils ne savaient que faire d'eux-mêmes, parce qu'il ne se disait rien. Seul un petit grand-père plein d'entrain avec un accordéon était à son affaire. Assis sur une caisse au pied du monument aux morts de 1905, il chantait des couplets subversifs de son invention.

Tous les désœuvrés se rassemblaient peu à peu autour du pépé. Deux bonshommes bas sur pattes, on aurait dit Bobtchinski et Dobtchinski*, frappaient des pieds en cadence et essayaient de s'accompagner en chantant mais cela ne donnait que "la-la-la-la" vu qu'ils ne connaissaient pas les paroles. Les types, sous prétexte de révolution, avaient bu la "goutte" dès le matin et n'étaient pas allés au travail. Maintenant, ils se sentaient tout joyeux.

Un jeune photographe portant un foulard palestinien s'était accroupi sur la chaussée, et choisissait son angle. Son visage était l'image même du bonheur. Il fixait en cet instant le premier événement historique auquel il lui était donné de participer personnellement.

Soudain, sur le pont Gorbaty apparut, courant et écumant, un homme avec un mégaphone. Il s'arrêta, chancela, et il sembla qu'il allait maintenant annoncer quelque nouvelle essentielle et s'effondrer sans vie comme le messager de Marathon. L'homme porta le mégaphone à ses lèvres et cria :

— Ça commence !

Dans la foule, tous les regards se concentrèrent sur le messager.

— L'assaut de la Douma ! continua-t-il, et il exhala un soupir extatique.

Les gens avaient retrouvé la parole et s'agitaient.

— Tous ceux qui le peuvent, allez-y ! Quant aux retraités, il vaut mieux que chacun rentre chez

* Personnages du *Revizor* de Gogol, bel exemple de paronomase.

lui, on ne sait jamais ! D'ailleurs pourquoi êtes-vous sortis de chez vous ?! Et s'ils commencent à tirer ? Vous pensez que vos médailles les arrêteront ? Rentrez à la maison !

L'homme coinça le mégaphone sous son bras et reprit sa course. Le petit vieux à l'accordéon entonna *Nous sommes tombés dans un combat funeste.* Iounker démarra. Ils avaient embarqué le photographe avec eux et repartirent pour Okhotny Riad.

Devant les murs de la Douma, ils furent accueillis par un cirque avec chapiteau. Sur un socle fait de jardinières carrées mises ensemble se tenaient des personnages déguisés. Un vénérable vieillard, avec une longue barbe flottant au vent, s'appliquait à agiter un étendard de velours orné de l'aigle bicéphale. Le blason brodé d'or ne cessait de piquer avidement vers ceux qui se tenaient à sa portée.

Un homme jeune, la raie au milieu et des yeux globuleux, grimpa sur les jardinières. De plus en plus de monde s'amassait autour de la Douma. Certains apportaient des tentes avec eux et essayaient de les installer sur la chaussée. Des groupes adverses de jeunes révolutionnaires se pressaient autour de leurs drapeaux, scandant des slogans, chacun regardant avec hostilité les recrues des troupeaux voisins.

— Au-dessus de la Russie se dresse un phallique édifice rouge ! criait le jeune homme à la raie au milieu d'une voix diablement éraillée. C'est la verticale du pouvoir ! Elle est rouge du sang des filles de la Russie et de celui de ses vieillards !

Soudain, sa voix s'étrangla, il levait des yeux horrifiés sur quelque chose dans le dos de la foule. Le vénérable vieillard lui aussi avait aperçu la chose et il cessa d'agiter son étendard. L'aigle pendait sans force sur sa hampe. Dans les rangs courut le mot “Omon*”. La foule se rabattit instinctivement de l’autre côté. L’homme à la raie et le porte-drapeau à barbe blanche quittèrent précipitamment les jardinières et se dissimulèrent dans le giron des masses populaires. Nikita s’était retourné et ne découvrit plus à ses côtés ni Rochtchine ni Iounker. La foule le porta encore sur quelques mètres, puis elle s’immobilisa comme si elle avait pris racine.

Face à elle aussi, il y avait des hommes noirs avec boucliers et casques en plexiglas. Elle se tassa sur elle-même et retint son souffle. Par les interstices entre les boucliers, le canon des mitraillettes la regardait.

— Seigneur mon Dieu, je n’ai rien à voir là-dedans ! Laissez-moi partir ! criait, penchée hors de sa boutique, une toute jeune marchande de fleurs qui subitement se retrouvait en plein cœur des événements. Je veux rentrer chez moi ! Je ne manifeste pas ! C’est mon point de vente ici !

Nikita, s’étant faufilé sous le coude de quelqu’un, entra dans le minuscule kiosque de la fleuriste, cerné de tous côtés par la foule échauffée.

— Pourquoi tu veux sortir de là ? dit-il à la jeune fille. Ferme ta boutique et reste ici bien discrètement, sinon on va te piétiner. S’ils commencent à tirer, couche-toi par terre. Tout ira bien.

— J’ai peu-eu-eur, gémit la fleuriste prête à fondre en larmes, en étirant le son *eu* d’une manière incroyablement touchante. J’ai peu-eu-eur !

Nikita lui caressa la tête et laissa un instant la main sur sa nuque tiède. La jeune fille ravala un

* Otriad Militsii Ossobovo Naznatchenia ou Omon est le nom générique des unités des forces spéciales du ministère de l’Intérieur russe, proches de nos CRS. Spécialisés dans l’antiterrorisme, les Omon ont été engagés en Tchétchénie.

sanglot et se tut, le visage caché dans ses mains. Nikita regarda au-dehors à travers les silhouettes des roses pourpres. Le peuple et les Omon se faisaient face. Immobiles. On aurait dit que les quelques milliers de personnes qui se trouvaient dans l'ombre du sinistre bâtiment de la Douma avaient toutes cessé de respirer en même temps. Entre les gens serrés les uns contre les autres et les piquets de la haie de mitraillettes s'était créé un espace découvert.

Nikita retira d'un vase ventru une brassée d'œillets blancs, posa un baiser sur les cheveux noirs de la fille, qui sentaient toutes les fleurs de la terre, sortit, et entreprit de se frayer un chemin vers les Omon. Les gens s'écartaient devant lui en silence, pour aussitôt resserrer leurs rangs après son passage.

Nikita s'était très vite retrouvé à la limite du no man's land et il la franchit comme un parachutiste la trappe béante de l'avion.

Il avançait lentement, comme dans un rêve, plongeant de temps à autre son visage dans les pétales blancs humides, pour ne pas se sentir aussi seul.

Le silence alentour devait bien avoir la profondeur du gouffre de Mariansk. L'univers se retenait de faire le moindre mouvement, comme ensorcelé.

Au bout d'une éternité, Nikita avait atteint le cordon de la police, il tira un œillet du bouquet et l'enfonça dans le canon de la mitraillette dirigée droit sur lui. Le canon frémit mais resta muet. Nikita respira. Et prit la fleur suivante.

Tout en avançant le long du cordon des Omon, il disait doucement des mots sans suite et presque dénués de sens, comme ceux que l'on prononce pour calmer un enfant. Et il essayait de discerner les yeux à travers les visières teintées rabattues.

— Ne tirez pas, s'il vous plaît. Ce ne sont pas des ennemis là-bas. Là-bas, ce sont des gens exactement comme vous. Ils ne veulent rien de mal. Même si on vous en a donné l'ordre, les militaires ont le droit de ne pas exécuter un ordre notoirement criminel, ne tirez pas. Là-bas, il y a des vieux, des enfants. Ils ne sont en rien coupables. Il y a là-bas une jeune fille, la fleuriste, elle s'est d'ailleurs retrouvée là par hasard, et elle voudrait beaucoup rentrer chez elle, ne tirez pas. Car sinon vous ne ferez pas juste mourir des gens, vous tuerez votre propre âme aussi, et cela, ce sera vraiment irréparable, ne tirez pas.

A chaque "ne tirez pas", Nikita plaçait une fleur dans le canon suivant. Il sentait que l'essentiel était de ne pas se taire. Il parlait, parlait, ne se rendant que vaguement compte de ce qu'il disait, perdant sans cesse le lien avec la réalité, et il voyait devant lui le ciel blanc de l'hôpital dans un entrelacs de craquelures. Et puis sa réserve de fleurs fut épuisée. Nikita s'arrêta.

— Ne tirez pas ! S'il vous plaît !

Nikita, éperdu, écarta ses mains vides, fit volte-face, et s'en retourna lentement. Il régnait un silence de mort. Et brusquement la foule, qui, tout entière, regardait Nikita, avait changé de visage. Au même instant, Nikita entendit derrière lui un lourd piétinement de bottes, et en eut froid dans le dos.

Il tourna la tête et entrevit un Omon, la visière relevée. L'homme souriait. Nikita n'avait pas eu le temps de réaliser ce qui lui arrivait que déjà le gars vigoureusement charpenté le serrait dans une étreinte de grizzli et l'arrachait de terre. Nikita s'envola au-dessus du no man's land et il vit que les rangs sagement alignés des Omon s'étaient disloqués. Ici et là, des boucliers s'en détachaient et tombaient sur le sol, et les hommes jetaient leurs mitraillettes à terre, œillets au canon, courant vers la Douma.

Nikita fut porté à l'intérieur. Balayant les détecteurs de métaux, la foule s'était répandue le long des escaliers de marbre. Dans la salle du présidium, on brûlait un monceau de documents officiels. Des jeunes, main dans la main, sautaient par-dessus le feu de joie. Les gens s'embrassaient, criaient "Hourra !" et lançaient leurs couvre-chefs en l'air. Nikita vit de nouveau tout devenir noir.

31

Et d'un coup quelque chose d'innommable s'était faufilé en rampant par toutes les fentes. Les *chatouny** de Mamleïev au sourire luxurieux arrachaient les étoiles du parquet et, arc-boutés sur leurs bras couverts de fourrure, traînaient jusque dans la salle des Assemblées les corps inertes qui leur étaient devenus étrangers. Des tuyaux et des bouches noires d'aération se mirent à pleuvoir des éclopés du monde souterrain, les soldats culs-de-jatte du métro, les estropiés qui noient dans la foule leurs moignons de chair.

Etaient sortis de leurs trous, à la lumière du bon Dieu, des êtres vaguement humains, agitant leurs manches désertées par la vie, habitants de l'autre monde ou sur le point d'y passer, habitués des zones d'isolement couverts de givre, d'une gangue de mort, de la bardane du néant, de la chrysalide des métamorphoses. Pitoyables résidus de corps et petits restes d'âmes qui n'en sont déjà plus du tout, mais rien que chaleur de décomposition, pulsation sporadique près de s'éteindre entre les doigts des Parques.

* *Chatoun* désigne en russe l'ours qui ne trouve pas le sommeil pendant l'hibernation et qui, de ce fait, est une menace pour lui et les autres. *Chatouny*, le roman de Youri Mamleïev, a été traduit par Anne Coldefy, R. Laffont, 1986, rééd. Le Serpent à plumes, 1998.

Il y avait aussi là des créatures qui n'étaient même plus des hommes. Des non-hommes. Les loups-garous qui hantent les quais ensauvagés, envahis par les orties et autres mauvaises herbes de la nature, suscités par le regard fortuit de quelque voyageur de grande ligne. Esprits du énième kilomètre qui se matérialisent dans la lumière terne de la torche du lampiste avec laquelle il sort, toujours ivre, toujours mortellement offensé par la vie, à la rencontre des trains qu'il accompagne de jurons obscènes.

Muets, résignés à errer de wagon en wagon, d'année en année, colporteurs d'horoscopes amoureux, témoins, privés du don de la parole, des grands espaces russes, collaborateurs de l'infini, interlocuteurs de telles distances, de tels lointains, que les mots en deviennent inutiles.

Tous, boitant et traînant la patte, se condensant à peine dans l'atmosphère, tintant comme des pendeloques de lustres, se coulant comme des serpents sur les tapis le long des couloirs, pareils à la brusque rafale d'un vent à ras de terre, ils se hâtaient vers la flamme de la révolution. Tous, ils encerclaient Nikita, debout auprès du bûcher des lois prises contre le peuple, et ils susurraient de leurs bouches baveuses en frappant le sol de leurs fronts :

— Laissez-nous, laissez passer, passer, passer… nous réchauffer, réchauffer, réchauffer…

Nikita avait bondi par-dessus le feu et il se mit à courir en tentant d'écarter les mains malpropres et avides, la toile d'araignée du chuchotis édenté, la glu des rêves d'ivrogne de la Russie. Toujours courant, il se retourna et vit que des hordes de va-nu-pieds s'étaient précipitées dans le feu comme un raz de marée et grésillaient, s'élevaient en spirales sous la coupole et retombaient en un lent voile de cendre.

Et les gens, étalant les flocons de cendre sur leurs joues, de taper sur l'épaule du voisin, de s'embrasser et de se remettre à pleurer.

Et puis, là, les vieilles étaient apparues. Elles étaient arrivées et s'étaient assises en rang d'oignons le long du mur. Semblables à des moulins couverts de suie, à d'antiques carcasses de charognards. De ces vieilles qui assaillent le magasin du bourg dans l'espoir d'échanger leurs tickets contre un élixir de jeunesse, d'arracher une ultime fraction de temps, un petit morceau de cette étoffe de qualité supérieure toujours en rupture de stock.

Qui se sont entretuées dans une file d'attente pour des sardines. Et qui, jusqu'après leur mort, continuaient à s'arracher les yeux, à tordre les doigts noircis de leurs bonnes copines, à tirer à elles la queue visqueuse d'un poisson.

Impardonnées et refusant de pardonner. Terrassées par une attaque dans les W.-C. en planches de la gare d'Akoulova, tombées dans le trou terreux, elles avaient conservé le rictus d'une méchanceté qui se mord la queue, qui se dévore elle-même des pieds à la tête en ahanant et en éructant de fureur, crachant une salive venimeuse.

Elles étaient arrivées, les vieilles, elles s'étaient assises le long des murs et avaient ouvert des bouches découvrant de rares chicots, telles qu'on en trouve d'ordinaire dans les anciens kourganes au bord des routes.

Et elles disaient, les vieilles, leurs poings morts tendus vers ciel :

— Pardonne-nous nos péchés, vieux pou, tu ne vois pas, ça va mal pour nous, remue-toi, vieux croûton !

— Apaise nos âmes, chantaient les femmes de leurs voix nasillardes, se balançant l'une l'autre, berçant le vide. Nous sommes de vieilles communistes et nous ne savons pas les paroles des prières, allons, sois bon, fais que s'éteigne cet écho, fais que nous nous éteignions nous, comme on nous l'expliquait aux cours d'instruction civique, d'histoire du parti et de matérialisme dialectique. Amen !

Mais la haine clouait les vieilles à la terre. Elles l'égratignaient de leurs ongles qui avaient poussé comme des lames et ne cessaient d'apparaître dans les rêves de leurs petits-enfants, pour qu'ils aillent mettre un cierge pour le repos de leurs âmes.

Mais les vieilles ne croyaient pas à l'âme et ne savaient pas demander. Et elles ne faisaient que menacer, cracher des gros mots, emplissant les songes de puanteur et d'angoisse. Et leurs petits-enfants, qui se réveillaient brûlants et en sueur, s'empêtraient dans leurs draps, et cherchaient fébrilement une cigarette. Et après ils ne pouvaient se rendormir de longtemps.

— Non ! Non ! Non ! criait Nikita, courant le long de la rangée des vieilles qui se consumaient dans l'épaisseur des couches de leur hargne rancie. Pas comme ça ! Non, pas comme ça ! Pas comme ça !

Assourdi par les battements de son cœur, il remuait les lèvres à son rythme défaillant, et avalait ses pleurs.

Les vieilles le vrillaient de leurs yeux déments, et proféraient des malédictions.

— Pardon ! Pardon ! Pardon ! murmurait Nikita au bord de l'inconscience, et soudain il comprenait qu'il avait trouvé le mot juste, celui qu'il fallait. Pardon ! Pardon ! Pardon ! et les vieilles, l'une après l'autre, disparaissaient, et l'air n'était plus aussi noir, et il devenait plus facile de respirer.

— Tout doux, tout doux, calme-toi ! disait un petit nuage blanc avec la voix de Rochtchine, et le front de Nikita devenait frais et humide.

— Rochtchine ! criait Nikita de ses toutes dernières forces, comme s'il essayait de traverser du coton. C'est une prière pour tous, aide-moi, je n'y arriverai pas seul, Rochtchine, je n'aurai pas le temps !

Le petit nuage-Rochtchine se dissipait.

Et de nouveau flottaient à sa rencontre des chapelets de femmes noires et vieilles. Et, pour chacune d'elles, Nikita prononçait ce mot auquel se refusait leur langue haineuse, ce mot que ne pouvaient dessiner leurs lèvres habituées à jurer.

— Pardon ! Pardon ! Pardon !

32

De nouveau, Nikita vit la salle de la Douma.

Les gens, joyeux, se hâtaient de tous côtés. Certains sautaient par-dessus les fauteuils des députés tendus de velours, et un petit jeune avec un brassard rouge s'arrangeait même pour courir carrément d'un dossier à l'autre. Quelqu'un toussait dans un micro, prononçait “allô, allô, allô” et riait mal à propos.

— Dans un instant, un représentant de la résistance du peuple va prendre la parole, le général camarade, c'est-à-dire non, le camarade général, eh bien bon, le colonel Koukoboï !

— Gens de Russie ! Frères !...

Nikita tenta désespérément de se repérer et de distinguer la réalité. Et aussitôt il vit Iassia. Elle était en robe longue, pieds nus, les cheveux défaits et blonds. Nikita ne se souvenait pas de l'avoir jamais vue ainsi. D'ailleurs, elle n'avait pas porté une robe de toute sa vie. Iassia était étonnamment calme.

Nikita s'était approché et, désemparé, il lui caressait la tête. Iassia avait dit tristement :

— C'est ma vraie couleur. Tu ne l'as jamais vue.

Tout autour était très silencieux. Nikita nota en passant que Iassia et lui se tenaient dans un couloir circulaire avec des projecteurs et des néons au plafond.

“Où est passé tout le reste ? Où sont-ils tous ? pensa Nikita sans s’y intéresser autrement. Sans doute une nouvelle syncope.”

— Non, ce n’est pas une syncope, prononça Iassia. C’est bien mieux.

— Et c’est quoi alors ?

— Tu vas comprendre tout de suite.

Et Nikita comprit. Non grâce à des pensées linéaires normales. Mais tout d’un seul coup et pleinement. Soudain il avait ressenti en lui les vies de tous ces gens qu’il connaissait et pour qui il avait peur. Et compris qu’il n’y avait plus rien à craindre. Parce que soudain tout était résolu. Les destinées brisées en mille morceaux s’étaient recollées. Les âmes déboîtées avaient retrouvé leur place. Celui qui cherchait l’amour l’avait trouvé. A celui qui voulait la liberté, la liberté avait été donnée. Même les malheurs et la douleur étaient perçus comme des ponts menant au cœur du bonheur. Et pardonnés.

Et les hommes, presque indiscernables auparavant, à travers la vanité d’une agitation qui leur était inutile et étrangère, avaient soudain fait une pause, et ils étaient devenus eux-mêmes. Et, se regardant eux-mêmes, ils n’en revenaient pas que tout soit si simple, et se réjouissaient que ce soit arrivé.

Nikita pouvait prendre n’importe laquelle de leurs destinées et la voir dans le moindre détail. Par exemple, il sut qu’Alia avait perdu le beau-père qui la violait dans sa jeunesse. Sans l’avoir prévu elle-même, elle s’était rendue à l’enterrement et, en fait, était restée à Odessa, brusquement réconciliée avec l’ensemble de sa nombreuse parenté.

Nikita voyait Alia debout sur la petite place pavée au début de la rue Deribassovskaia, occupée à nourrir de sages chats d'Odessa avec les restes de poissons qu'elle tirait d'un sachet. Les chats faisaient le dos rond, s'éventaient de leur queue et prenaient d'un mouvement aristocratique les morceaux glissants entre leurs dents. Alia regardait tantôt les chats, tantôt le soleil et était absolument heureuse. Dans le ventre noir de l'antique boîte aux lettres l'attendait une nouvelle lettre d'Aliocha. Il promettait d'arriver bientôt.

Taïssa Iossifovna, les lunettes sur le nez, lisait un gros cahier contenant le premier roman de Vania. Et corrigeait les fautes de grammaire au stylo rouge. Quant à Vania, il marmonnait quelque chose dans sa barbe, et, suant et soufflant, tirait du puits un plein seau d'eau, le posait dans l'entrée chez Taïssa Iossifovna, et s'installait sur le perron réfléchir un peu. Il faisait chaud. Le père André, s'étant assuré que personne ne pouvait le voir, caracolait jusqu'à l'étable, agitant les bras en tous sens et chantant à gorge déployée une chanson sur "le printemps est d'retour".

Iounker et Gricha, à cheval sur le toit de l'église, arrimaient les feuilles de zinc. Ils observaient le galop printanier du prêtre et riaient de bon cœur, tout en serrant entre leurs genoux le métal bien chaud pour ne pas risquer de tomber.

Et Nastiona, la fille chargée de la traite, la tête rejetée en arrière, une main en écran contre le soleil éblouissant, les regardait eux depuis le perron du bureau du kolkhoze, elle hésitait encore ne sachant duquel elle allait tomber amoureuse.

Iassia se tenait auprès de lui et attendait patiemment que Nikita ait bien regardé les vies des autres. Nikita ne parvenait pas à l'essentiel. Il n'arrivait pas, à partir d'elles, à composer un tout. A réunir toutes ces histoires russes en une seule grande Histoire. Il avait beau faire, ça ne donnait rien de cohérent.

Les destins des hommes, leurs paroles et leurs actes s'en allaient obstinément dans tous les sens, et il n'y avait aucune logique commune entre eux. Ce n'était rien qu'un chaos de tracés individuels.

— C'est simplement que tu penses de travers, dit Iassia. Tu as déjà en tête le résultat que tu veux obtenir. Alors, forcément, tu ne l'obtiens pas. Parce que, vois-tu, ce n'est pas celui qu'il faut obtenir.

Nikita, effectivement, voyait en lui la carte de Russie qu'il avait apprise par cœur dans les manuels de géographie maintes fois utilisés, celle qu'il avait imprimée dans la tête, avec toutes ses régions en couleurs différentes, les artères des voies ferrées et les veines bleues des fleuves. Et il comprit qu'il essayait de faire entrer sa mosaïque précisément dans ce cadre. Or, en réalité (Nikita entendit soudain le bourdonnement de voix insistantes), les contours devaient être tout autres.

Nikita, se fiant au chœur qui se faisait entendre en lui, laissa échapper tous les petits cubes de glace translucides qu'il tenait dans ses mains. Les histoires tressautèrent et se mirent à voguer, elles se doublaient, se heurtaient, se cabraient l'une contre l'autre.

Nikita ne portait désormais plus en lui les destinées de ceux qu'il avait rencontrés sur son chemin. Il se sentit léger et vide, comme si un courant d'air printanier l'avait traversé au sommet d'une colline dont la neige aurait fondu du côté ensoleillé.

Et alors là, sans plus aucun effort, il avait vu le moule dans lequel se trouvaient réunies toutes les trajectoires dispersées. La carte plane s'était animée et respirait de toutes ses forêts, bougeait en ombres bleu foncé sur les plaines enneigées, battait des ailes avec les sombres freux. Elle retentissait de l'appel des trains à l'approche d'une gare dans la campagne, se mit à rire, à s'agiter, à clignoter dans ses yeux. Elle avait pris la forme d'un nuage qui planait au-dessus de la colline voisine en ouvrant des bras immenses. Elle s'étendit vers Nikita et posa sur sa nuque une paume légère comme une plume.

Iassia lui caressait la tête et disait :

— Tu vois, tout est si simple. Et toi qui avais peur…

Nikita sourit et sentit subitement que la brèche ouverte dans sa solitude des années auparavant s'était refermée. Ou, plus exactement, avait été comblée. Iassia était là. Autour de lui, et en lui. Enfin authentique. Elle s'était accomplie. Et il savait en quelque sorte que maintenant c'était pour toujours.

Etendu sur la couchette de la prison, il souriait. Comme s'il connaissait un secret.

Qu'il est impossible de divulguer.

Parce qu'à quoi bon ?

Ouvrage réalisé
par l'atelier graphique Actes Sud.
Achevé d'imprimer sur Roto-Page
en août 2009
par l'Imprimerie Floch
à Mayenne,
pour le compte des éditions
Actes Sud
Le Méjan
Place Nina-Berberova
13200 Arles.

Dépôt légal
1re édition : septembre 2009
N° impr. : 74345
(Imprimé en France)